Supermacht Indien – Die indische Weltmacht verstehen

Geschichte, Politik, Wirtschaft und Militär des indischen Subkontinents

Expertengruppe Verlag

Supermacht Indien – Die indische Weltmacht verstehen

Geschichte, Politik, Wirtschaft und Militär des indischen Subkontinents

Expertengruppe Verlag

INHALTSVERZEICHNIS

ÜBER DEN AUTOR

Hermann Rupold lebt seit 4 Jahren zusammen mit seiner Frau Charlotte in Hamburg. Nach zahlreichen Auslandsstationen hauptsächlich in Afrika, Asien und Südamerika ist er an der Elbe zur Ruhe gekommen.

Schon seit dem Studium der Politikwissenschaften vor über 25 Jahren beschäftigt er sich mit politischen, gesellschaftlichen und geschichtlichen Randthemen, die vor der breiten Masse oft verborgen sind, aber wissenschaftlich breit akzeptiert sind. Als Lehrkraft gibt er dieses Wissen nicht nur seinen Schülern und Studierenden weiter, sondern spricht im Rahmen verschiedener Publikationen auch die breite Masse der Menschen in Deutschland an.

Bei seinen Büchern liegen ihm solche Themen besonders am Herzen, deren Auswirkungen in vielen Bereichen der Gesellschaft zu spüren sind, die aber trotzdem weitgehend unbekannt sind. Zudem konzentriert er sich auf Themen, bei denen neben allgemeinen wissenschaftlichen Recherchen auch eigene Erfahrungen mit eingebracht werden können. Jede seiner Veröffentlichungen basiert daher neben den unverzichtbaren wissenschaftlichen Grundlagen auch auf ganz persönlichen Erfahrungen und Erkenntnissen. So entstehen nicht nur rein sachliche Abhandlungen, sondern praktische Werke mit breitem Wissen und nützlichen Hinweisen, die leicht verstanden und nachvollzogen werden können.

Hermann Rupold erschafft so leicht zu lesende Bücher, die dem Leser in entspannter und angenehmer Atmosphäre einen Einblick in Themenfelder geben, von denen die meisten wenig wissen, aber von denen jeder einzelne sehr profitieren kann.

So möchte er vor allem Neugierde für fremde Kulturen wecken, Vorurteile abbauen und den Leser motivieren, über den eigenen Tellerrand hinauszuschauen.

VORWORT

Indien – was ist das eigentlich? Ein sagenhafter Subkontinent mit reichhaltiger Kultur? Das neue globale Silicon Valley? Ein Schwellenland mit Atomwaffen, im ständigen Konflikt mit dem Erzfeind Pakistan? Oder ein neues China, das durch einfache Produktionswege den etablierten Industrienationen immer eine Nasenlänge voraus ist? Fakt ist: In Indien bewegt sich etwas, und zwar gewaltig. Mit dem beginnenden 21. Jahrhundert hat das Land die Fesseln der ehemaligen Kolonialherrschaft endgültig abgeschüttelt und geht nun seinen eigenen Weg. Immer auf der Suche nach den Nischen auf dem Weltmarkt, die es zu besetzen gilt. Und das funktioniert: Seien es Mikrochips oder Medikamente – in manchen Branchen konnten sich indische Unternehmen einen Namen machen. Indische Konzerne boomen an der Börse, geben Millionen Menschen Arbeit und geregelte Einkommen. Der Wohlstand ist spürbar, sichtbar und greifbar. Mumbai und Neu-Delhi sind Wirtschaftsmetropolen und beeindrucken mit ihrem sichtbaren Aufschwung. Schon längst wird Indien als vielversprechender Juniorpartner auf dem internationalen

Wirtschafts- und Politikparkett gehandelt. Andere Nationen schauen mit Skepsis auf den Aufschwung auf dem Subkontinent. Die „Supermacht Indien“ ist für die Supermacht China eine unbequeme Vorstellung. Spannungspotential ist also garantiert. Und die anderen Nachbarn des südasiatischen Megastaates? Die sind längst funktionierende Bestandteile der indischen Interessensphäre. Wäre da nicht Pakistan, der Erbfeind, der sich irgendwann aus der ursprünglich gemeinsamen Geschichte abspaltete. Statistisch betrachtet ist das Land in vielerlei Hinsicht ganz oben angekommen. Denn in Indien gibt es von allem viel. Viele Menschen, viele Glaubensrichtungen, viel Licht und Schatten, super reich trifft auf super arm. Luxuriöser Medizintourismus trifft auf Unterversorgung von Einheimischen. Friedensbewegungen münden in blutige Aufstände. Und immer ist der Krieg ein ständiger Begleiter der Bevölkerung des noch jungen Landes. Indien ist die größte Demokratie der Erde. Doch wie demokratisch lebt man dort? Sind die Zwänge des berühmt-berüchtigten Kastensystems wirklich abgeschüttelt? Sicher ist, dass Indien bald das bevölkerungsreichste Land der Welt sein wird und China auf dieser Spitzenposition hinter sich lassen wird. Ist das ein gutes Zeichen in einer Welt voller neuer Herausforderungen wie dem Klimawandel? Wir werden es herausfinden. Dazu müssen wir Indien verstehen. Und dazu ist ein Blick in die wechselhafte, aber gleichzeitig faszinierende Geschichte des fernen Landes nötig, um die Frage zu beantworten: Was ist die Supermacht Indien?

- Kapitel 1 -

DIE GESCHICHTE INDIENS

FRÜHE GESCHICHTE

Schon seit der Altsteinzeit war der indische Subkontinent besiedelt. Dies ist durch eine Vielzahl archäologischer Funde wie steinerne Faustkeile und Schabwerkzeuge belegt. Im Jahre 1982 entdeckte der indische Geologe Arun Sonakia den „Namada-Mann" beziehungsweise dessen versteinerte Schädeldecke. Benannt wurde der Mensch, der vor mindestens 235.000 Jahren lebte, nach dem gleichnamigen Fluss. Dabei handelte es sich um eine Sensation: Zum ersten Mal wurde das Fossil eines Frühmenschen auf dem Subkontinent gefunden. Untersuchungen ergaben, dass es sich nicht um einen Mann handelte – dies war nur die erste Vermutung Sonakias. Vielmehr gehörte die Schädeldecke einer Frau im Alter von etwa 30 Jahren. Sie gehörte zur Art Homo Erectus, ein Vorfahre des modernen Menschen, dem Homo Sapiens. Die ersten dieser modernen Menschen sind etwa zwischen

73.000 und 55.000 Jahren v. Chr. im heutigen Indien eingetroffen. Grundsätzlich gilt der afrikanische Kontinent als Wiege der Menschheit. Im zuvor genannten Zeitraum trennten sich einzelne Gruppen, gingen auf Wanderschaft und erreichten dem Küstenverlauf folgend Indien. Im Tal des Indus begannen die Menschen nach und nach die nomadische Lebensweise als Jäger und Sammler aufzugeben und sich niederzulassen. Um 5.000 v. Chr. intensivierten sich Landwirtschaft und Viehzucht. Verschiedene Getreidesorten wurden angebaut und einige Tierarten wie Schweine, Ziegen und Ochsen domestiziert. Diese Entwicklung setzte sich fort und führte schließlich zur Indus-Zivilisation, einer frühen, aber bedeutenden Hochkultur.

DIE INDUS-ZIVILISATION

Ihren Namen verdankt die Indus-Zivilisation dem gleichnamigen Fluss, der in Tibet entspringt und nach 3.180 Kilometern ins arabische Meer mündet. Der Indus und sein weitverzweigtes Flusssystem mit temporär überschwemmten Ebenen bot einen idealen Boden für Landwirtschaft. Die Indus-Zivilisation war jedoch nicht auf die Ufergebiete des Flusses begrenzt. Das Besiedlungsgebiet dieser frühen Hochkultur erstreckte sich bis in den Nahen Osten, über Teile des heutigen Pakistans, bis in den nordöstlichen Teil Afghanistans und deckt Gebiete des heute nord-westlichen Teils von Indien ab. Gemeinsam mit den Ägyptern und Mesopotamiern gilt die Induskultur als eine der ersten bedeutenden Zivilisationen in der Bronzezeit. Ihre Blütezeit erlebte die Zivilisation von 2600 bis 1900 v. Chr.. Mit den großen Städten Mohenjo-Daro in der heutigen Provinz Sindh in Pakistan und Harappa bei Punjab, ebenfalls Pakistan, entstanden zwei imposante Ballungsräume. Archäologen vermuten, dass diese Metropolen bis zu 60.000 Einwohner beherbergt haben könnten. Gerade Harappa ist für Archäologen wichtig. Die Grundmauern der Stadt sind gut erhalten und lassen Rückschlüsse auf die Lebensweise der Bewohner zu. Für die damaligen technischen Möglichkeiten waren die Städte auf einem herausragenden städtebaulichen Niveau. So gab es bereits eine Wasserversorgung. Auch der Aufbau der Häuser und deren Umfeld war mit ihren charakteristischen Innenhöfen und Brunnenanlagen ein Glanzstück der Handwerkskunst. Auch heute finden sich in pakistanischen und indischen Dörfern entsprechende Wohnanlagen, die der damaligen Bauweise frappierend ähneln. Bezüglich der Bauweise unterscheiden sich die Städte der Indus-Zivilisation von denen in anderen Hochkulturen. Während die Ägypter zu monumentalen Bauten neigten, sind in den Überresten der Indus-Städte Großgebäude eher selten zu finden. Bauten von dem Format der ägyptischen Pyramiden fehlen gänzlich. Die größten Gebäude waren vermutlich Getreidespeicher.

Es gilt als gesichert, dass die Bewohner des Indusufer Händler und Handwerker waren. Die Bewohner Harappas brannten Ziegel und Keramik und stellten Halsketten, Figuren und Spielzeuge her. Auch in der Metallurgie waren die Bewohner Harappas kundig: Zinn, Bronze, Blei und Kupfer waren bekannte Metalle. Auch Terrakottafiguren, die mit Gold verziert sind, wurden gefunden. Sogar die Mathematik war kein unbekanntes Feld. Geometrische Formen wie Würfel waren durchaus bekannt. Auf Schalen und Töpfen wurde außerdem eine Vielzahl von Schriftzeichen gefunden, die auf eine Schriftsprache deuten. Letztendlich ist die Frage nach der Sprache des Volkes am Indus bisher nicht hinreichend beantwortet. Ein schlüssiges Sprachsystem konnte nicht identifiziert werden. Bei den 600 entdeckten Schriftzeichen könnte es sich um eine Kunstsprache handeln.

Die Indus-Zivilisation war keine friedliche Gemeinschaft. Kriegerische Auseinandersetzungen fanden häufig statt. Diesen Rückschluss lassen Skelettfunde aus Harappa zu. An jedem sechsten Skelett fanden sich deutliche Spuren von Verletzungen. Auch die Existenz von Krankheiten wie Lepra konnte so belegt werden.

Wie erwähnt, war der Handel wichtig. So wichtig, dass es als gar nicht so unwahrscheinlich gilt, dass das Rad tatsächlich im Wirkungskreis der Indus-Zivilisation erfunden wurde. Archäologische Funde weisen darauf hin, dass im frühen Indien Ochsenkarren im Einsatz waren, die auch heute noch in weiten Teilen im Süden und Osten Asiens in Gebrauch sind. Der Überlandhandel profitierte von dieser Entwicklung. Auch der

Handel zur See florierte. Dass das Indusvolk mit den Mesopotamiern Handel getrieben hat, gilt als gesichert. Es wird vermutet, dass es sogar Handelsbeziehungen bis nach Ägypten oder Kreta gegeben haben könnte. Doch auf eine bedeutende Frage konnte die Archäologie bisher keine echte Antwort liefern: Wer hatte eigentlich das Sagen im Land am Indus? Dass es einen Herrscher im Sinne eines „Königs" gegeben habe, ist vermutlich auszuschließen. Denn im Normalfall, zumindest dann, wenn andere Hochkulturen als Maßstab herangezogen werden, wäre der Regent auf Abbildungen dargestellt. Entsprechende Hinweise konnten bisher nicht gefunden werden. Die Forschung ist sich jedoch sicher, dass es irgendeine Form von „übergeordneter Behörde" gegeben haben muss. Darauf lässt die ausgeklügelte Städteplanung schließen. Es besteht die Annahme, dass die Städte von einzelnen Personen geleitet wurden oder vom Volk selbst. Zumindest scheint es so, als wäre ein hohes Maß an Entscheidungsfreiheit innerhalb der einzelnen Siedlungen gegeben gewesen.

Wie jede Hochkultur hatte auch die Zeit der Indus-Zivilisation ein Ende. Um 1900 v. Chr. zeigten sich erste Zerfallserscheinungen. Offenkundig verließen die

Menschen die Städte. Zunehmende Ausbrüche von Gewalt und die Verbreitung von schweren Krankheiten wie Lepra oder Tuberkulose konnten möglicherweise zu dieser Entwicklung führen. Das Resultat war eine Aufgabe der urbanen Standorte und eine Umorientierung zu einer ländlich und nomadisch geprägten Lebensweise. Ein Beispiel dieses Rückschrittes zeigt sich am Handwerk. Töpferwaren aus dieser Zeit weisen nicht mehr die einst hochwertige Machart auf, die noch in der Blütezeit der Indus-Zivilisation deutlich sichtbar war. Der Fernhandel wurde aufgegeben und die Städte verfielen. Neu errichtete Häuser wurden eher „zusammengeworfen" statt fachmännisch errichtet. Archäologen fanden aus dieser Zeit Überbleibsel, die auf unruhige Zeiten hinweisen. Wertsachen wurden in „Horten" gefunden, also versteckt. Dies deutet darauf hin, dass sich die Menschen dieser Zeit vor Plünderungen fürchteten. Außerdem wurden Leichen gefunden, die unbeerdigt in Gebäuden lagen. Entweder war für eine Beerdigung keine Zeit oder die Bewohner sahen dafür keine Notwendigkeit.

DIE VEDISCHE ZEIT

Der Zeitraum zwischen 1900 bis 200 v. Chr. wird als die vedische Zeit bezeichnet. Namensgeber sind die sogenannten Veden oder auch Veda genannt, liturgische Texte, die uns einen Einblick in das religiöse Verständnis und die Lebenskultur geben. Nach dem Zerfall der Indus-Zivilisation beschreibt die Veden-Zeit eine Rückbesinnung zur Kultur. Das alte Indien befand sich wieder im Aufschwung. Die Veden sind in einer indo-arischen Sprache abgefasst und die Vorläufer der Sprache, die wir heute als Sanskrit kennen. Bekannt sind vier Veden, das Rigveda, das Yajurveda, das Samaveda und das Atharvaveda, die wiederum in eine Vielzahl von Untergruppen unterteilt sind. Eine davon sind die Mantren, die auch heute im westlichen Kulturkreis bekannt sind. Ein Mantra ist eine Aneinanderreihung von Worten, denen besondere Kräfte nachgesagt werden. Die Veden gelten im hinduistischen Glauben auch in der Gegenwart als heilig. Eine Besonderheit stellt die Überlieferung der Veden dar. Sie wurden zunächst nicht schriftlich fixiert, sondern wurden mündlich übertragen, genauer gesagt in Liedern. Der Gesang dieser Veden wurde 2003 in die UNESCO-Liste der Meisterwerke des mündlichen und immateriellen Erbes der Menschheit aufgenommen. Im Laufe der Jahrhunderte entstanden jedoch zahlreiche Abschriften. Dank dieser komplizierten Technik sind uns heute zahlreiche Einblicke in die Lebensweise der indo-arischen Völker überliefert, die sich im Norden und Nordwesten Indiens ansiedelten. Die Veden beschrieben nicht nur religiöse Themen, sondern auch weltliche Aspekte. Die Rigveda gilt als der älteste Text und beschreibt das Zusammenleben der Indo-Arier als Hirten- und Stammeskultur. Von den früheren Errungenschaften der Indus-Zivilisation mit ihren großen und modernen Städten ist in diesen Schilderungen kaum etwas spürbar. Das Leben damals war einfach und archaisch. In dieser, auch Rigveda-Zeit genannten Epoche, begannen die Indo-Arier, sich in den westlichen Teil der Ganges-Ebene auszubreiten, die sich im nördlichen Teil des indischen Subkontinentes befindet. Des Weiteren erfolgte die Besiedlung im Punjab. Einblicke in die weitere Entwicklung bietet die Atharvaveda. Dort wird ein „schwarzes Metall“ erwähnt. Die Wissenschaft ist sich einig, dass es sich hierbei nur um Eisen handeln konnte. Somit war die Eisenzeit in Indien angebrochen. Auch im Zusammenleben der Menschen tat sich etwas.

Einzelne Stämme bildeten zunächst Zusammenschlüsse, also in etwa Stammesunionen, die in Königreiche oder Republiken aufgingen und Janapadas genannt wurden. Mit Kuru, Kosala, Panchala und Videha sind vier solcher Staatsgebilde bekannt. Gerade letzteres, Videha, galt als Hochstätte von Kultur und Religion.

EXKURS: DIE ARIER

Als Arier bezeichnen sich diejenigen Menschen, die eine indo-arische Sprache sprechen. Letzterer Begriff wird in neueren Zeiten auch als indo-iranisch bezeichnet, eine Sprache, die in der Bronze- und Kupferzeit weit verbreitet war. Die Heimat der Arier war Ariana; so wurde zumindest der Landstrich von den Römern und Griechen bezeichnet, der heute größtenteils das Staatsgebiet Afghanistans darstellt.

Diese indo-arische Sprache ist – einfach formuliert – verwandt mit dem Germanischen. Im Europa des 19. Jahrhunderts führte dies zu einer Stilisierung der Arier als „Urvolk", verbunden mit der Vorstellung, zur gleichen Ethnie zu gehören. Unter den Gelehrten der damaligen Zeit wuchs die Idee, dass die arische Rasse den anderen überlegen sei.

Ein Gedanke, den später die Nationalsozialisten in Deutschland aufnahmen und weiter radikalisierten. In seinem Buch „Mein Kampf" formte Adolf Hitler die Vorstellung weiter, dass die Deutschen als Nachfahren der Arier nicht nur überlegen, sondern auch durch die sogenannte „Rassendurchmischung" in ihrem Fortbestehen gefährdet seien. Dieser Glaube legte den Grundstein für die grauenhaften Verbrechen der Nazis. Im Kontext der altindischen Geschichte wird der Begriff eher selten verwendet. Stattdessen wird die Bezeichnung Indo-Arier gebraucht.

Im Grunde ging die Besiedlung des nördlichen Indiens durch die Indo-Arier, die ihre ursprüngliche Heimat in den nordwestlich gelegenen Grassteppen hatten, langsam voran. In der spätvedischen Zeit bildete sich ein Kastensystem heraus, das im heutigen Indien und dem hinduistischen Glaubenssystem nach wie vor eine wichtige Rolle spielt. Die Kasten wurden unterteilt in Brahmanen (Priester), Kshatriyas (Krieger), Vaishyas (Bauern), Shudras (Unterworfene) und Parias (Kastenlose). In der gleichen Epoche wandelte sich die Gesellschaft. Es wurden Städte gegründet und die Menschen gaben ihre nomadische Lebensweise auf. Es wurde verstärkt Ackerbau betrieben. In großem Maßstab wurde Reis kultiviert. Die zuvor genannten Stammesunionen, Republiken und Königreiche blühten auf, es kamen Neue dazu, andere wiederum schlossen sich zusammen. Um 600 v. Chr. gab es 16 solcher Königreiche. Das bedeutendste war das Königreich Maghada mit seinem König Bimbisara, der eine erfolgreiche Handels- und Expansionspolitik betrieb und eine funktionierende Verwaltung etablierte. Diesem Reich sollen rund 80.000 Dörfer und Siedlungen angehört haben. Diese Zahl dürfte aber wohl der Fantasie der Chronisten zu verdanken sein. Zur nahezu gleichen Zeit (563 v. Chr.) wurde Siddhartha Gautama in Lumbini im Norden Maghadas geboren. Der Sohn eines Fürsten ging unter dem Namen Buddha in die Geschichte ein.

DAS KLASSISCHE ZEITALTER INDIENS

Um 400 v. Chr. wurde in Maghada das Nanda-Reich gegründet, das nahezu den gesamten Norden des heutigen Indiens umfasste. Das Reich galt als sehr modern und dennoch sehr kurzlebig. Die Nanda-Dynastie erlosch kurz nach dem Einfall durch den griechischen bzw. makedonischen Feldherrn Alexander den Großen in Indien und wurde von Chandragupta Maurya abgelöst. Dies gilt als die Geburtsstunde des Maurya-Reiches, eines der größten und mächtigsten Staatsgebilde in der Geschichte des Subkontinents, das ebenfalls in Maghada seinen Ursprung hatte. Chandragupta kämpfte gegen Alexanders Truppen, die im Tal des Indus nach dessen Feldzug zurückgelassen wurden. Nicht nur als Feldherr machte sich der erste König Mauryas einen Namen. Er galt als geschickter Diplomat, der mit dem griechischen Militärführer ausgeklügelte Verträge aushandelte. Unter Chadraguptas Enkel Ashoka erreichte das Maurya-Reich seine Blütezeit und größte Ausdehnung. Es soll eine Fläche von 5 Millionen Quadratkilometern umfasst und eine Einwohnerzahl von etwa 60 Millionen Menschen gehabt haben. Dies hätte Maurya zum bevölkerungsreichsten Staat der Antike gemacht.

Ashoka war ideologisch seiner Zeit voraus. Er konvertierte zum Buddhismus und machte das Prinzip des Friedens zur Staatslehre. Gewalt wurde abgelehnt und Konflikte wurden friedfertig beigelegt. Auch auf die Unterstützung von Hilfsbedürftigen wurde ein Schwerpunkt gelegt. Seine Herrschaft beschreibt eine Form der Staatsführung, die in den europäischen Großreichen der Antike unbekannt war.

Brihadratha war ein Enkel Ashokas und der letzte Vertreter der Maurya-Dynastie. Im Jahre 185 v. Chr. wurde er durch seinen General Pushymitra entmachtet und die Maurya-Dynastie erlosch. Dieser „Putsch" markierte den Beginn des Shunga-Reiches, über das jedoch kaum Einzelheiten überliefert sind. Dieses Königreich hatte mit Pataliputra und Vidisha zwei große Metropolen. Die Armut an Quellen macht diese Zeit zum Gegenstand vieler Spekulationen. 73. v. Chr. wurde der amtierende König Devabhuti auf den Befehl seines Ministers Vasudeva durch einen Sklaven ermordet. Dies machte ihm den Weg zur Spitze des Reiches frei. Es folgte die sehr kurze Kanva-Dynastie, die nur 45 Jahre währte. Der Beweis, dass diese Herrscherlinie überhaupt existierte, ist nur dank der Erwähnung in den Puranas, den heiligen Schriften im

Hinduismus, belegbar. Des Weiteren wurden Münzen gefunden, die während der Kanva-Dynastie geprägt wurden. Schon zu diesem Zeitpunkt besaß das einst große Reich nicht mehr die ursprüngliche Ausdehnung. Das Staatsgebiet zerfiel zumindest teilweise in separate Königreiche und Fürstentümer. Die Kanva-Dynastie wurde von den Shatavahana aufgelöst, die im zentralindischen Hochland seit 230 v. Chr. ihr eigenes Reich aufbauten. Die Shatavahanas wurden auch als Andhras bezeichnet, was auf eine ursprüngliche Herkunft in der gleichnamigen Region hindeutet. Andhra Pradesh ist auch heute noch ein Bundesstaat Indiens. Durch die Eroberer aus Zentralindien wurde das einst bedeutende Maghada zu einer Stadt in der Peripherie des Shatavahana-Reiches degradiert, dessen Zentrum die heutige Millionenstadt Nashik war. Das Shatavahana-Reich galt als modern. Die Herrscher unterstützten sowohl Brahmanen als auch Buddhisten finanziell. Auch das Bankwesen erlebte einen Aufschwung. So etablierten die Shatavahanas beispielsweise Zinsen. Das Reich währte bis etwa 220 n. Chr. Noch im 2. Jahrhundert wuchs der Einfluss in Zentralindien beachtlich, beispielsweise durch den Zusammenschluss mit der Nachbarregion Maharashtra, der aber genauso schnell wieder schwand. Es bahnte sich ein Konflikt mit den Saken an, die als Nomaden die Steppen Nordostindiens und Mittelasiens bewohnten. Sie galten als Vasallen des Kuschana-Reiches, einem großen Imperium im nordöstlichen Teil Indiens, das bis in seiner größten Ausdehnung um 250 n. Chr. bis ins heutige China reichte. Aus der dortigen Provinz Yuezhi entstammten auch die Herrscher von Kushana, indogermanische Nomaden. Diese Epoche wird von der indischen Geschichtsschreibung als „dunkles Zeitalter" eingestuft, da Kushanas als Fremdherrscher wahrgenommen wurden. Auch die Übernahme des griechischen Alphabets wurde als Zeichen einer Fremdbestimmung gewertet. Dennoch brachte die Regierungsform der Kushanas einen Aufschwung in der Region. Es gab reichhaltige Handelsbeziehungen zu China und auch mit Rom bestanden diplomatische Kontakte, die nicht immer unbeschwert waren. So beklagten sich römische Beamte über den Umstand, dass die Kushanas keine eigenen Münzen fertigten, sondern römische Sesterzen umprägen ließen. Auf diesen Münzen fand sich bereits die Bezeichnung „Maharaja" als Herrschertitel. Für das straffe Verwaltungssystem der Römer war dies ein Ärgernis. Nicht nur das Kushana-Reich, auch das Shatavahana-Reich pflegte enge Handelskontakte zum römischen Imperium. Exportiert wurden vor allem Luxusgüter: Elfenbein, Edelsteine, Seide, Gewürze und wohlriechende Parfüms gingen von Nordost- und Südindien nach Mitteleuropa. Die Handelsbilanz war unausgeglichen. Es gab in Indien keine vergleichbare Nachfrage an römischen Handelsgütern wie Glas oder Kupfer, so dass die Römer die importierten Güter mit Goldmünzen bezahlten, denen oben genanntes Schicksal widerfuhr und die somit aus dem Finanzkreislauf verschwanden. Diese negative Bilanz sorgte u.a. in Rom für eine echte Wirtschaftskrise. Warum das Kushana-Reich letztendlich um 250 n. Chr zum Niedergang verurteilt war, bleibt auch heutigen Historikern verborgen.

EXKURS: DER MAHARAJA

Im Feudalsystem der indischen Vergangenheit bestand eine schier unübersichtliche Zahl von Adelstiteln und Prädikaten. Der wohl bekannteste Titel hinduistischer Adelslinien ist der Maharaja, der auch in der eingedeutschten Version als Maharadscha geläufig ist. „Raja“ ist hier der wichtigste Teil des Titels und bedeutet „König“. Das „Maha“ bedeutet „groß“ – somit ist der

Maharaja ein Großkönig. Die schlichtere Bezeichnung „Raja“ wurde jedoch häufiger verwendet. Interessant ist, dass ein jeder männliche Spross des Rajas einen eigenen Titel führen durfte. Und davon gab es meist eine größere Anzahl. Der älteste Sohn eines Rajas wurde als Kronprinz Rajkumar genannt, Der Zweitgeborene bekam den Beinamen Diwan, Drittgeborene wurden Thakur genannt, Viertgeborene Lal und der fünfte Sohn Babu. Für die Töchter gab es wohl keine besonderen Namen, aber für weibliche Herrscher allemal. Saß eine Frau auf dem Thron hieß sie Rani bzw. Maharani.

Die Shatahavana gerieten in Streit mit den nomadisch lebenden Shaka, die ihrerseits Vasallen des Kushana-Reiches waren. Zwar schlugen die Shatahavana die Shaka, dennoch war die Nachfolgezeit von Unruhen geprägt. Anfang des 3. Jahrhunderts zerfiel das Reich in mehrere Fürstentümer. Es folgte das „Goldene Zeitalter“. Denn unmittelbare Nachfolger der Shatahavanas waren die Dynastie Gupta und dessen Gegengewicht, die Vakataka.

Das Gupta-Reich währte von etwa 320. n. Chr. bis 550 n. Chr. und gilt gemeinsam mit Maurya und Kuscha als

Inbegriff der Indischen Antike. Nach dem Zerfall der Reiche Kushana und Shatahavana herrschte in Indien Vielstaaterei und keine Einheit. Die Könige von Gupta, die aus dem Bengalen im Nordosten Indiens stammten, gelang es, den politischen Flickenteppich erneut zu einen. Der Name des Begründers der Dynastie lautete Chandragupta I.. Diese Aussage ist jedoch mit Vorsicht zu genießen. Denn in den überlieferten Quellen (zum Beispiel auf Münzen) sind lediglich keine anderen potentiellen Herrscher vor Chandragupta genannt. Über seine Regentschaft ist wenig bekannt, offensichtlich residierte er in Patna, das heute eine Stadt mit fast zwei Millionen Einwohnern ist. Weitaus mehr Details sind über seinen Sohn Samudragupta bekannt, der sich als erfolgreicher Feldherr einen Namen machte. Durch zahlreiche Feldzüge einte er den vormals politisch zersplitterten Subkontinent. Inschriften auf Steinsäulen ist zu entnehmen, dass er Feldzüge in Sri Lanka und dem nördlichen Iran durchführte. Wichtiges Propagandamittel waren seinerzeit Münzen, die Samudragupta als echten Helden stilisierten. Abbildungen auf Goldmünzen zeigen ihn nicht nur als versierten Feldherrn, sondern auch als Künstler. Er gab sich den Titel Maharajahiraja Paramabhattaraka, was frei übersetzt

„Großkönig der Könige“ bedeutet. Für die Gupta-Dynastie waren Münzen und Titel ein wichtiger Teil der Legitimation.

Trotz der Erfolge und Eroberungen Samudraguptas war das Reich der Gupta noch keine Großmacht, sorgte aber durch die Einigungen der autonomen Fürstentümer für eine politische Stabilisierung. Zu einem echten Imperium wurde das Reich erst unter Samudraguptas Sohn, Chandragupta II.. Neben militärischer Stärke brachte er ein weiteres Mittel zum Erhalt der Macht ins Spiel: Die Diplomatie. Durch geschickte und gezielte Verheiratungen schuf er Nähe zur rivalisierenden Vakataka-Dynastie, die ein Reich beachtlicher Größe in Südindien geschaffen hatten. Chandragupta II. gab seine Tochter zur Heirat in das südliche Reich. Fortan bildeten Gupta und Vakataka eine Art von Allianz. Für Chandragupta II. war die Befriedung des Südens von Bedeutung: Im Nordosten warteten mit den nomadischen Shakas andere Feinde, deren Unterwerfung ein ausdrückliches Ziel war. Auch wollte der Gupta-Herrscher seinen Einflussbereich auf Westindien ausdehnen.

Zeitgenössische Chronisten, die den Alltag im damaligen Gupta-Reich beschrieben, lobten Chandragupta in höchsten Tönen. Händler und Beamte wurden durch das innenpolitische Geschick des Herrschers enorm wohlhabend, Kunst und Kultur blühten auf. In dieser Zeit wurden einige bedeutende Bauwerke wie Tempel errichtet, die bis heute bestehen. Auch der Hinduismus wurde erneuert, erfuhr eine neue Renaissance und der Buddhismus geriet zunehmend unter Konkurrenzdruck.

Chandragupta II. herrschte bis etwa 415. Auch sein Nachfolger, Kumaragupta, führte den Weg des Aufschwungs weiter fort. Unter seiner als besonders milde bezeichneten Regentschaft blühten Handel, Kunst und Kultur auf. Beide religiösen Strömungen, also Buddhismus und Hinduismus, entwickelten sich, dennoch kam es unter Kumaragupta zu massiven Schwierigkeiten. Es bestand ein weit verschachteltes Verwaltungssystem, das mit dem Föderalismus vergleichbar ist. Kumaragupta hatte für einen König ein vergleichsweise geringeres Mitspracherecht. Provinzherren konnten praktisch ohne einen Einfluss von oben über ihre Gebiete herrschen. Dies führte dazu, dass Steuereinnahmen nicht mehr an den König weitergeben wurden, sondern von Beamten unterschlagen wurden. Die Guptas verloren mehr und mehr an

Macht. Neben diesen innenpolitischen Schwierigkeiten drängte Ende des 5. Jahrhunderts ein neuer Feind an die Grenzen des Reiches, der als „iranische Hunnen“ bezeichnet wurde, eine eher lose Gruppe zentralasiatischer Stämme. Hierbei handelt es sich nicht um die Hunnen der europäischen Geschichtsschreibung. Um welche Volksgruppe es sich bei diesen Stämmen wirklich handelte, ist jedoch umstritten. Es gilt als wahrscheinlich, dass es sich hierbei um das Volk der Alchon handelte, die auch in der Zukunft der Gupta eine Rolle spielen werden. Skandagupta, der Sohn des Kumaragupta, konnte die Feinde zwar einige Male aufhalten, dennoch war das Reich der Gupta bereits dem Niedergang geweiht. Im Abwehrkampf war eine weitere Expansion unmöglich. Einige Regionen strebten offen ihre Unabhängigkeit an. Als Skandaguptas Neffe, Budhagupta, etwa im Jahre 476 die Spitze des Reiches übernahm, bestand das Gupta-Imperium noch in seinen alten Grenzen. Danach folgte eine Zeit politischer Wirren ohne einen einheitlichen Nachfolger. Laut Inschriften gab es im Reichsgebiet knapp 500 verschiedene Personen, die sich selbst als (regionale) Könige bezeichneten. Der „Hauptthron“

des Reiches wurde Gegenstand zahlreicher Streitigkeiten. Wer wann genau in dieser Phase der König des Gupta-Reiches war, ist nicht genau feststellbar.

Zu Beginn des 6. Jahrhunderts drangen die Alchon erneut auf indisches Gebiet vor. Diesmal gestaltete sich der Abwehrkampf als problematisch. Die Alchon eroberten Punjab und Kashmir (Deutsch: Kaschmir) und der wichtigste (und letzte) Thronanwärter des Gupta-Reiches steckte mit seinem Heer eine vernichtende Niederlage ein und musste die Flucht antreten. Diese empfindlichen militärischen Niederlagen, verbunden mit dem Verlust bedeutsamer Gebiete, läuteten schließlich das Ende der Dynastie der Gupta ein. Letzte Abwehrversuche der Alchon-Invasion waren vergeblich und das Reich zerfiel erneut in viele einzelne Fürstentümer. Mitte des 6. Jahrhunderts war der Widerstand endgültig gebrochen und die Alchon herrschten im Land.

DAS INDIEN DES MITTELALTERS

Um das Jahr 590 wurde Harshavardhana geboren, genannt Harsha, der sich in der Folgezeit zu einem der berühmtesten Regenten (Nord-)Indiens erhob. Harsha stammte aus dem Geschlecht der Vardhanas und wurde in der Zeit der Vielstaaterei und der Besetzung durch die Alchon geboren. Sein Vater, ein General der beseitigten Gupta-Dynastie, kämpfte gegen Alchon und aufwieglerische Fürsten. Die Alchon hingegen waren im Inneren keine homogene Gruppe und selbst vom Zerfall betroffen. Durch geschickte Allianzen und Verheiratungen konnte Harshas Vater einigen Einfluss gewinnen, der den Weg zur Krone bereitete. Eigentlich hätte Harshas Bruder Rajya die Macht übernehmen sollen; der fiel jedoch einem Komplott zum Opfer und wurde ermordet. Also war es Harshas Aufgabe, den Thron zu besteigen. Der Verschwörer, der den Mord an Rajya initiierte, war der König von Bengalen, Shashanka. Harsha rückte mit einem großen Heer an und zwang Shashanka zu einem Vertrag. In der Folge gelangen Harsha weitere militärische Erfolge. Er übernahm die Kontrolle in Kannauj und eroberte Sindh, Valabdhi, Kashmir, Maghada und Gujerat. Krieg folgte auf Krieg und innerhalb von nur sechs Jahren konnte Harsha ein Reich mit einer Ausdehnung von 3.000 Kilometern unter seine Kontrolle bringen. Dies war die Geburtsstunde eines gigantischen Reiches, das das komplette heutige Staatsgebiet von Indien umfasste. Praktisch hatte Harsha zu diesem Zeitpunkt alle seine Feinde eliminiert. Nur sein alter Widersacher Shashanka hielt den Eroberungsversuchen stand. Erst als der Bengalenkönig um 620 starb, wurde auch dieses Reich durch Harsha aufgelöst. Harsha, der noch heute eine berühmte Persönlichkeit der indischen Geschichte ist, war nicht immer bei seinem Drang zur Expansion erfolgreich. Eine Eroberung des Indus Tal und der Westküste Indiens misslang beispielsweise. Dennoch gelang es Harsha, ein monumentales Reich zu etablieren.

Im zentralen Teil Indiens herrschten zu jender Zeit jedoch andere Mächtige: Die Chalukya und die Pallava. Die beiden Geschlechter konkurrierten um die Dominanz in dieser Region. Die Chalukya kamen im Verlaufe der Zeit zweimal an die Macht: Zwischen 550 und 750 sowie zwischen 973 und 1190. Besondere Bekanntheit erlangte König Pulakeshin II, der einem Eroberungsversuch von Harsha entschlossen entgegentrat. Statt einer Invasion kam es zu einem

Friedensvertrag. Pulakeshin, der in seiner Hauptstadt Vatapi, der heutigen Kleinstadt Badami, residierte, fühlte sich sicher. Denn die Stadt galt als uneinnehmbar, zumindest so lange, bis die Getreuen des konkurrierenden Pallava-Reiches die Stadt erfolgreich belagerten und Pulakeshin ermordeten.

Die Chalukya, die eher den westlichen Teil Zentralindiens beherrschten, lieferten sich mit Pollava, die eher im östlichen Teil regierten, erbarmungslose Schlachten. Die Grenzen der Reiche überlappten durch Eroberungen und Rückeroberungen. Das Chalukya-Reich, das bis um das Jahr 750 bestand, wurde schließlich von einer weiteren Dynastie, den Rashtrakuta, überrannt. Auch dem Reich der Pallava wurde kein friedliches Schicksal zu teil. Nach einem erbitterten Bürgerkrieg wurde das Reich immer wieder durch fremde Mächte bedroht. In knapp 150 Jahren wurde die Hauptstadt Kanchipuram insgesamt dreimal erobert: Einmal durch die Chalukya und zweimal durch die Rashtrakuta.

In den Jahrhunderten von 800 bis 1000 teilten sich drei Mächte den indischen Subkontinent auf: Die Rashtrakuta, die Pala und die Pratihara. Die Rashtrakuta beherrschten den zentralen Teil Indiens, die Pala

Bengalen und die Pratihara den nordöstlichen Teil Indiens. Die drei Mächte lagen miteinander im permanenten Konflikt. Insbesondere die alte Hauptstadt Karauj war Gegenstand zahlreicher Auseinandersetzungen. Auf Dauer konnten jedoch keine der drei Großmächte ihre militärischen Eroberungen halten. Auch in kultureller Hinsicht tat sich in dieser Epoche wenig. Das Leben spielte sich überwiegend auf den Dörfern ab und es gab ein Abgabensystem. Das Mittelalter in Indien ist somit vergleichbar mit den Zuständen im europäischen Mittelalter. Die vielen einzelnen Fürstentümer besaßen ein großes Maß an Autarkie. So stellten regionale Herrscher oft eigene Heere auf und sammelten Steuergelder ein. Ob diese Einnahmen tatsächlich bei den Königen ankamen, war wiederum von der Loyalität der Vasallen vor Ort abhängig. Es gab außerdem viele autark lebende Dorfgemeinschaften, die unabhängig von der Reichsverwaltung agierten. Diesen Gemeinschaften saßen Räte vor, die beispielsweise ein lokales Justiz- und Wirtschaftssystem ins Leben riefen. Im Grunde stagnierte die gesellschaftliche Entwicklung und das Mittelalter in Indien galt als Epoche des Stillstands. In religiöser Hinsicht sank die Bedeutung des Buddhismus in der Gesellschaft und der Hinduismus erstarkte.

Dennoch kam es in dieser Zeit zum Aufblühen eines der wichtigsten indischen Reiche: Dem Chola-Imperium. Die gleichnamige Dynastie war bereits zu Ashokas Zeiten in Südindien ansässig, doch es dauerte lange, bis das Reich erstarkte. Ein Impuls war zunächst der Zerfall des Pallava-Reiches, was zunächst einen Aufschwung versprach. Dennoch war es den Cholas aufgrund ihrer militärisch starken Nachbarn zunächst nicht möglich, ihr Einflussgebiet über die Grenzen ihrer Hauptstadt Thanjavur hinaus zu erweitern. Bei den Expansionsversuchen wechselten sich Siege und Niederlagen regelmäßig ab. Dieser Zustand änderte sich erst, als König Rajaraja I. an die Macht kam, der als versierter Feldherr galt. Rajaraja schlug die verfeindeten Königreiche in der Nachbarschaft. Außerdem gelang ihm die erfolgreiche Invasion Sri Lankas. Auch Rajarajas Sohn, Rajendra, profilierte sich als versierter Feldherr, der die Eroberungen seines Vaters noch übertrumpfte. Er nahm die Hauptstadt des Chalukya-Reiches ein und eroberte anschließend die Hauptstadt der Palava. Insbesondere die geografische Ausdehnung seiner Unternehmungen war beeindruckend. Er führte seine Streitmacht über das Meer bis nach Sri Vijava, einem großen buddhistischen Reich, dessen Kernland Sumatra war und das sich bis nach Java erstreckte.

Auch mit China unterhielt er Beziehungen. In der Folgezeit erlebte das Chola-Reich noch eine andauernde Blütezeit, wurde jedoch von innenpolitischen Streitigkeiten geschwächt, die in Bürgerkriege mündeten. Etwa um Mitte bis Ende des 13. Jahrhunderts wurde das Chola-Reich von der konkurrierenden Pandya-Dynastie aus Südindien zerstört.

DIE ISLAMISCHEN REICHE IN INDIEN

Schon seit langem mussten sich die indischen Königreiche im Norden und Nordosten des Subkontinents gegen muslimische Eindringlinge erwehren. Erste Angriffe fanden bereits im 8. Jahrhundert statt. Zu einem Höhepunkt gelangten die Invasionsversuche Ende des 12. Jahrhunderts. Die Ghuriden, ein muslimisches Volk aus Ghur im heutigen Zentrum Afghanistans, standen mehrfach den Rajputen gegenüber. Die Rajputen waren eine Art Ritterstamm, dessen Mitglieder sich aus der Kriegerkaste, der Kshatriya, rekrutierten. Die Rajputen galten als ehrenhafte Krieger und dies sollte ihr Verhängnis werden. Gefangen in einem komplizierten Ehrenkodex und veralteter Kriegsführung hatten die Rajputen den Ghuriden nur wenig entgegenzusetzen. Die Krieger aus Ghur vertrauten auf ihr erstklassiges Reiterheer, das den Kriegselefanten der Rajputen weit überlegen war. Dennoch waren die Kämpfe von eiserner Entschlossenheit, aber auch furchtbarer Grausamkeit geprägt. Der Widerstand nutzte nicht viel: Nach dem Jahr 1192 geriet der gesamte Norden unter muslimische Herrschaft. Das bedeutete auch das Ende des Buddhismus in Indien.

Das erste muslimisch geprägte Reich auf dem Staatsgebiet des heutigen Indiens entstammte der so genannten Sklavendynastie. Der Name stammt von der Herkunft des Begründers der Dynastie. Qutb-ud-Din Aibak, war ein ehemaliger Sklave, der unter dem Muizz ad-Din Muhammad die Position eines Feldherrn bekleidete. Nach den Eroberungen in Indien starb der Ghuride Muhammad ohne einen Erben. Aibak konnte sich nach internen Machtkämpfen durchsetzen und wurde so im Jahre 1206 der Sultan des neuen Sultanats von Delhi. Seine Regentschaft endete auf recht unspektakuläre Art: Qutb-ud-Din Aibak starb nach nur vier Jahren an der Spitze des Sultanats an den Folgen eines Unfalls bei einem Polospiel. Der neue Sultan wurde in der Folge Aram Shah, der nur ein Jahr später von Schams ad-Din Iltutmish, dem Schwiegersohn Aibaks von seinem Thron vertrieben wurde. In seine Herrschaft fielen zähe Kämpfe im nördlichen Indien, das sich dem Machtbereich der Sklavendynastie entzog. Die Kämpfe währten 17 Jahre, endeten jedoch erfolgreich für Iltutmish, der sich in der Folge als religiös toleranter Herrscher profilierte. Durch Änderungen in der Erbfolgeregelung bestieg im Jahr 1236 seine Tochter Radiyya den Thron. Dies ist im muslimisch geprägten Teil der indischen Geschichte eine Besonderheit: Denn weibliche Herrscher waren höchst selten. Ihr Schicksal endete jedoch auf tragische Weise. Radiyya wurde abgesetzt und ermordet. Ab 1242 wechselten die Herrscher des Sultanats von Delhi mehrfach. Mehrere Söhne von Iltutmish wechseln sich an der Spitze ab. 1265 kam es zu einem Wendepunkt in der Geschichte. Der ehemalige Sklave Balban wurde Sultan und regierte sein Land mit Gewalt. Dennoch hatte Balban eine glückliche Hand als militärischer Anführer und konnte beispielsweise Lahore erobern. Etwas entscheidendes gelang ihm jedoch nicht: Und das war die erfolgreiche Regelung einer Erbfolge. Balbans nächsten männlichen Nachkommen wurden gewaltsam getötet, sodass seine Linie erlosch. In der Folge besetzte Dschalal ud-Din, Oberbefehlshaber des Militärs, den Thron und begründete die Khaliji-Dynastie. Sein eigener Neffe Ala ud-Din Khaljif ermordete ihn und wurde selbst Sultan. Ala ud-Din Khaljif gelang es, die Mongolen abzuwehren, die in das Sultanat einrückten und in den Jahren 1299 und 1303 bis nach Delhi vordrangen. Zur Abwehr seines Reiches rekrutierte der Sultan eine gewaltige Reiterarmee, in der 500.000 Soldaten gedient haben sollen. Diese Militarisierung war kostspielig und Ala ud-Din Khaljif holte sich die benötigten Mittel aus dem Volk. Er enteignete praktisch den privaten Besitz der Bürger und auch Wertgegenstände wie Gold wurden den Bewohnern des Delhi-Sultanats abgenommen. Zusätzlich mussten die Landwirte die Hälfte ihrer Ernte abgeben. Am Ende ging es Ala ud-Din so wie vielen grausamen Herrschern in der Geschichte: Er wurde umgebracht, als er am verletzlichsten war – nämlich auf dem Sterbebett. Ein namentlich nicht genannter Sohn übernahm nach dem Tod des Sultans den Thron, der ebenfalls nach vergleichsweise kurzer Zeit ermordet wurde. So fand auch die kurzlebige Dynastie der Khaliji in 1320 ein jähes und brutales Ende. Neuer Sultan von Delhi wurde Ghiyas-ud-din Tughluq, der vormalige Statthalter Punjabs. Er zeichnete sich durch eine mildere Regentschaft als sein(e) Vorgänger aus und begründete die Dynastie der Tughluq, die letzte mächtige Dynastie des Delhi-Reiches. Unter seiner Herrschaft blühte die Landwirtschaft im Sultanat neu auf und die Steuern wurden gesenkt. Ghiyas-ud-din starb bei einem Unfall: Ein Pavillon stürzte ein und begrub den Sultan unter sich. So schien es zumindest. Bei dem Einsturz handelte es sich jedoch um ein getarntes Attentat, geschickt eingefädelt durch seinen Sohn Muhammad bin Tughluq. Muhammad erbte den Thron seines Vaters im Jahre 1325. Der neue Sultan wurde von Zeitgenossen als gebildet und hoch-intelligent, aber auch weltfremd und skrupellos beschrieben. Unter seiner Herrschaft wurde eine Menge Blut vergossen. Muhammad gelang es zwar erfolgreich – bis auf wenige Ausnahmen wie die südlichste Spitze des Subkontinentes – ganz Indien zu erobern, musste aber auch desaströse Niederlagen einstecken. Als er seine Armeen auf einen Feldzug nach Tibet schickte, unterschätzten seine Soldaten scheinbar die klimatischen Verhältnisse im Himalaya und wurden vollständig ausgelöscht – eine absolute Katastrophe. Auch innenpolitisch war Muhammad für seine fragwürdigen Entscheidungen bekannt und verlagerte die Hauptstadt des Sultanats von Delhi nach Deogir, dass heute noch unter dem Namen Daulatabad existiert und ein Dorf mit etwa 6.500 Einwohnern ist. Und auch zu Muhammads Zeiten war dieser Ort kein Zentrum der Macht. Um dem Ort mehr Fülle zu verleihen, wurden die Einwohner Delhis dorthin umgesiedelt. Doch auch die erhöhte Einwohnerzahl brachte nicht den erwünschten „Hauptstadt-Flair" - Deogir wurde aufgegeben und Delhi wurde die neue alte Hauptstadt. Fehlentscheidungen in der Armee-führung, die Verlegung der Hauptstadt und eine naive

Finanzpolitik führten zu Aufständen und zum Niedergang des Delhi-Sultanats. Zahlreiche Einzelstaaten bzw. Königreiche wurden unabhängig. Als Muhammad versuchte, mit seinen Soldaten einen Aufstand in Sindh niederzuschlagen, erkrankte er schwer und starb schließlich 1351. Sein Nachfolger wurde sein Cousin Firuz Schah. Firuz wird als vergleichsweise milde eingestuft: So entschädigte er diejenigen seiner Untertanen, die Opfer von Muhammads Verbrechen wurden. Außerdem schaffte er die Todesstrafe ab und trat als großer Bauherr in Erscheinung.

EXKURS: DIE BAUTEN DES FIRUZ SHAH

Firuz Shah war der letzte Sultan des Delhi-Reiches, der wirkliche Bedeutung hatte. In seiner Regierungszeit wurden Moscheen und Tempel errichtet. Und sogar seine eigene Hauptstadt – Firuzabad – ließ er sich erbauen. Teilweise stehen diese Bauwerke noch heute. Bei vielen Gebäuden ist das natürlich nicht mehr der Fall. Da Firuz jedoch an vielen Bauprojekten selber mitgewirkt hat und zusätzlich eine umfangreiche Autobiografie hinterließ, ist so ein schriftlicher Nachweis seiner Bauwerke überliefert. So soll er am Bau von

20 Palästen, 50 Staudämmen, 100 „Krankenhäusern" und 100 Badeeinrichtungen beteiligt gewesen sein. Natürlich setzte sich Firuz selbst mit einem prächtigen Mausoleum ein architektonisches Denkmal. Dieses steht auch heute noch ganz in der Nähe von Delhi.

Wie erwähnt war Firuz der letzte nennenswerte Sultan von Delhi. Nach ihm folgten noch einige unbedeutende Sultane aus der Linie der Tughluq. Den bedeutenden Wendepunkt im Delhi-Reich markierte das Jahr 1398. Timur Lenk, der berühmte Führer eines turkumongolischen Stammes aus Samarkand im heutigen Usbekistan eroberte und plünderte Delhi. Das Sultanat blieb zunächst bestehen. Doch immer mehr Regionen wurden unabhängig vom Delhi-Reich, dessen Macht sich nur noch auf die Hauptstadt konzentrierte. Es folgte eine unstete Zeit voller Chaos. Langsam, aber sicher drang die Dynastie der Sayyid an die Spitze der Macht. Ihren Machtanspruch sah die Familie klar legitimiert: Schließlich betrachteten sie sich als direkte Nachfahren des Propheten Mohammed. In ihrer 37-jährigen Herrschaftszeit über die Reste des Sultanats von Delhi stellten die Sayyiden vier Herrscher, die aber unter dem Einfluss der Nachfahren von Timur Lenk standen. Sie galten als schwache, inkompetente Herrscher. Am 19. April 1451 dankte der letzte Sultan der Sayyiden ab und macht den Weg frei für die Lodi-Dynastie, die ihren Ursprung in Afghanistan hatte. Der erste Herrscher dieser Linie war Bahlul Lodi. Seine Zeit war bestimmt von zahlreichen militärischen Operationen, die mal der Eroberung, mal der Abwehr dienten. Bahluls Sohn, Sikandar, wurde sein Nachfolger und regierte von 1489 bis 1517. Wie bei seinem Vater war Sikandars Zeit als Sultan geprägt von kriegerischen Auseinandersetzungen. In Delhi wurde ein neues und modernes Verwaltungssystem geschaffen. Kurzum erlebte Delhi eine letzte Blütezeit, Kultur und Literatur hatten zu dieser Zeit ein hohes Ansehen. Im Gegensatz dazu steht die Zeit von Ibrahim Lodi, dem letzten Sultan von Delhi. Unter Ibrahims Regentschaft zerfiel das Reich erneut. Es war geprägt von innerer Zerrissenheit. Der Todesstoß kam jedoch von außen. Es war unter anderem Ibrahims Onkel Alam Khan, der mit Babur Khan, dem mongolisch-stämmigen Herrscher von Kabul im heutigen Afghanistan, gemeinsame Sache machte und Ibrahim verriet. Und mehr noch: Babur wurde von Ibrahims Leuten ermutigt, mit seinem Heer in Delhi einzurücken. Dies führte am 20. April 1526 zur Ersten Schlacht bei Panipat. Die

Auseinandersetzung ist von großer historischer Bedeutung. Zum einen wurden im Rahmen der Schlacht zum ersten Mal in Indien Feuerwaffen wie Kanonen in nennenswerter Stückzahl eingesetzt. Zum anderen wurde Ibrahim im Kampf getötet. Dies führte nicht nur zum Erlöschen der Linie der Lodi. Mit Ibrahim starb der letzte Sultan von Delhi. Denn Babur Khan dachte nicht daran, Delhi nach der Eroberung wieder zu verlassen und rief das Mogulreich aus.

DAS MOGULREICH

Das Mogulreich, begründet von Babur Khan, war eines der langlebigsten und größten Reiche auf dem indischen Subkontinent. Es existierte von 1526 bis 1858 und erstreckte sich auf dem Höhepunkt seiner Macht am Ende des 17. Jahrhunderts über nahezu ganz Indien sowie bedeutende Teile des heutigen Afghanistans. Nach der erfolgreichen Schlacht bei Panipat, der Beseitigung Ibrahim Lodis und somit des gesamten Sultanats von Delhi, ließ sich Babur zum „Kaiser von Hindustan“ krönen und legte somit den Grundstein für das Mogulreich. Es wird vermutet, dass der Titel Mogul für den Herrscher Indiens von den Portugiesen im 16. Jahrhundert erstmalig verwendet wurde.

Nach der Einnahme Delhis und der Stadt Agra im Norden Indiens stand das Reich Babur Khans zunächst auf wackligen Beinen. Auch wenn das einstige Sultanat zerschlagen war, bedrohten die anderen, unabhängigen Reiche in den Nachbarregionen dessen Stabilität. Es dauert noch ein Jahr, bis 1527, bis Babur durch einige Feldzügen gegen konkurrierende Machthaber sein Reich sichern und seine Macht ausdehnen konnte. Seinen neuen Untertanen präsentierte sich Babur als milder, freigiebiger und großzügiger Herrscher, der seine Gefolgsleute stets mit kostspieligen Geschenken überhäufte. So kostspielig, dass die Präsente die Staatskasse bis an die Grenzen des Bankrotts brachten. Trotz dieser Schilderungen galt Babur Khan als entschlossener Herrscher. Er übernahm das alte System der erloschenen Lodi-Dynastie. Seine Liebe zur Gärtnerei ist bis heute sichtbar. Als er 1530 starb, ließ er sich im „Bagh-e Babur“, dem Garten des Babur, einer prächtigen Grünanlage mitsamt Mausoleum, bestatten.

Sein Nachfolger wurde sein Sohn Humayun, der an den Erfolg seines Vaters jedoch nicht anknüpfen konnte. Problematisch waren schon die Voraussetzungen bei der Übernahme der Staatsmacht. In der Erbfolge der Timuriden, also den Nachfolgern von Timur Lang, denen Babur und seine Söhne angehörten, war das Recht auf den Thron nicht nur dem Erstgeborenen vergönnt. Alle männlichen Nachkommen des bisherigen Moguls hatten einen Anspruch auf die Herrschaft. Humayun war also stets in Kämpfe mit seinen Brüdern um die Legitimation der Macht verwickelt. Dies störte das innere Machtgleichgewicht empfindlich und zeitweise besaß Humayun über sein Reich überhaupt keine Macht. Sein Charakter hatte ebenfalls Einfluss auf das eher wacklige Reich: Humayun galt als wankelmütig und bisweilen sogar kindisch. Der Mogul verbrachte viel Zeit mit der Ausarbeitung von Plänen einer neuen Hauptstadt. Erfolgreiche Feldzüge waren selten, obwohl diese nötig gewesen wären. Denn einige indische Herrscher verwehrten ihm die Treue und lehnten sich offen gegen Humayun auf, darunter Sultan Bahadur von Gujarat im äußersten Westen des heutigen Indiens und Sher Khan Suri im Osten, der mit einer Gruppe ehemaliger Soldaten der Lodi-Dynastie eine Rebellion anstrebte. Humayun verwickelte sich in einen Kampf an zwei Fronten. Zunächst gelangen ihm weitere Eroberungen in Gujarat. Doch der Aufstand unter Sher Khan Suri zwang ihn dazu, seinen Fokus nach Osten zu richten und die gerade eingenommenen Gebiete im westlichen Indien wieder aufzugeben. Der Kampf verlief erfolglos. Sher Khans Truppen brachten dem Heer Humayuns empfindliche Niederlagen bei. Nach und nach wurden weitere Städte im Mogulreich erobert. Der einzige Ausweg, der Humayun blieb, war die Flucht ins Exil. Erst 1545 konnte er Kabul zurückgewinnen. Dies gelang ihm jedoch nur mit der

Unterstützung persischer Soldaten. Nichtsdestotrotz konnte Huyaman erst 1554 nach Indien zurückkehren. In der Zwischenzeit gründete der erfolgreiche Feldheer Sher Kahn Suri ein kurzlebiges Reich und nannte sich Sultan. Unklarheit über eine mögliche Erbfolge führten im Sultanat für Unruhe, die Humayun ausnutzte und erneut die Macht übernahm. Das Mogulreich war somit wieder hergestellt.

Humayuns Sohn Akbar wurde neuer Herrscher des Reiches. Und somit eine der größten und bedeutendsten Figuren in der indischen Geschichte. Zunächst war der neue Regent umstritten, er festigte aber schnell seine Macht aufgrund militärischer Erfolge. In der zweiten Schlacht von Panipat besiegte Akbar den Hindu-General Hemu, einem Untergebenen der Suriden und somit einen Konkurrenten um die Macht in Indien. Hemu besetzte mit seinen Soldaten für kurze Zeit Delhi. Die Suriden beherrschten zu dem Zeitpunkt Teile Nordindiens und strebten nach der Gesamtmacht. In der zweiten Panipat-Schlacht wurde Hemu besiegt, getötet und geköpft. Wäre dies nicht geschehen, hätte Hemu für die Suriden die Herrschaft über das Mogulreich eingefordert. Der wichtige Sieg hatte somit eine große Bedeutung auch für die

Folgezeit: Akbars Mogulreich wurde zur bedeutenden militärischen Großmacht in der Region. Die Macht war somit gefestigt. Nach dem Sieg gegen Hemu konnte Akbar auch Delhi und Agra erobern, beide Male war der Widerstand gering.

EXKURS: DER MUTIGE AKBAR

Akbar galt als ausgesprochen mutiger und listenreicher Feldherr. In nicht wenigen Schlachten soll er an vorderster Front und unter dem Einsatz seines Lebens mitgefochten haben. Außerdem bediente er sich zahlreicher Tricks: In der zweiten Schlacht von Panipat soll es ihm gelungen sein, den kompletten Bestand der Kanonen des Feindes zu stehlen. Ein Schachzug, der den Verlauf der Schlacht entscheidend beeinflusste. Im Falle eines siegreichen Zweikampfes galt er als großzügiger Gewinner. Oft ließ er seine unterlegenen Kontrahenten lebend von dannen ziehen. So standen die Gegner künftig in seiner Schuld und wurden aus Gründen der Ehre an Akbar gebunden. Der junge Mogul verzichtete dementsprechend auch darauf, dem geschlagenen General Hemu den Kopf abzuschlagen. Der Grund: Hemu hatte einen Pfeil in sein linkes Auge bekommen, der im Hinterkopf herаustrat. Da Akbar einen wehrlosen und schwer verwundeten Mann nicht töten wollte, übernahm diese Aufgabe einer der Kameraden des Moguls.

Nachdem der Einflussbereich Akbars deutlich gewachsen war, ruhte er sich nicht aus. Zahlreiche erfolgreiche Eroberungen folgten und sein Reich wuchs weiter. Im Jahre 1568 gelang es ihm, die Rajputen endgültig zu besiegen. Das war bisher keinem muslimischen Herrscher in Indien gelungen. Außerdem schaffte er es, die Anhänger der Kriegerkaste in sein Heer zu integrieren, die fortan eine wichtige Stütze seiner Armee darstellen sollten. In der Folge konzentrierte er sich verstärkt auf die innere Stärkung seiner Macht. So führte er Verwaltungsreformen, die von Sher Khan Suri angestrebt wurden, zu einem erfolgreichen Ende. Dabei zeigte er sich besonders bei religiösen Fragen außergewöhnlich liberal. Es gelang ihm, Hindus wieder stärker in das Alltags- und Arbeitsleben einzubinden. Hindus wurden mehr und mehr zu gleichberechtigten Bürgern, insofern zu den damaligen Zeiten überhaupt von Gleichberechtigung die Rede sein konnte. Immerhin wurden Sondersteuern für Hindus abgeschafft, was zumindest eine Erleichterung brachte. Akbar selbst entfernte sich vom konservativen muslimischen Glauben. Diese Entfremdung ging sogar so weit, dass Akbar eine Zeit lang eine eigene Religion verkündete. Weitaus weltlicher gingen seine sozialen Reformen von statten: So verbot er die Heirat von Kindern. Auch das Lehnswesen wurde abgeschafft und an dessen Stelle rückte ein vergleichsweise moderner Verwaltungsapparat. Aber: Die Beamten unter Akbar galten als derart korrupt, dass manche Reform nie wirklich umgesetzt werden konnte.

Für Probleme sorgte Akbars Abkehr von der strengen Auslegung des muslimischen Glaubens. Diese Entwicklung war konservativen Gelehrten ein Dorn im Auge. Akbars Halbbruder Hakim stachelte diese auf, eine Rebellion gegen ihren Mogul zu starten. Für Akbar entwickelte sich eine brenzlige Situation, denn Hakims Gefolgsleute waren zahlreich. Erst eine erfolgreiche Besetzung Kabuls im Jahre 1581 beendete die Revolte Hakims. Durch eine weitsichtige Diplomatie und Außenpolitik gelange es Akbar, eine Phase der Stabilität einzuläuten. Das Reich schloss nun den gesamten Norden des heutigen Indiens ein, sowie Teile Pakistans und Afghanistans. Als Akbar 1605 starb, hinterließ er ein im Inneren wie Äußeren gefestigtes Reich mit einem modernen Verwaltungswesen. Das

Indien Akbars war die unangefochtene Macht im südlichen Asien. Die erfolgreiche Linie seines Vaters führte der Thronfolger Selim, genannt Jahangir, nahezu unverändert fort. Gesetze zur Erbschaft wurden reformiert, ebenso wurde persönliches Eigentum unter der Herrschaft Jahangirs besser geschützt. Die letzten verbliebenen Feinde wurden an das Mogulreich gebunden, sodass die Zeit des Friedens andauerte. Sein Nachfolger wurde Shah Jahan, der Sohn Jahangirs.

Mit Shah Jahan regierte ab 1628 einer der prunkvollsten Machthaber in der Geschichte des Mogulreiches. Er förderte besonders die Architektur und ließ Gebäude errichten, die noch heute das Bild Indiens in der Welt prägen, so zum Beispiel das berühmte Taj Mahal. Die Prunkbauten kosteten das Mogulreich allerdings ein Vermögen. Die Lage war derart ernst, dass eine extreme Inflation drohte. Die nachfolgende Zeit war geprägt von einer Vielzahl von Feldzügen, die meist nicht wirklich erfolgreich und zudem enorm kostspielig waren. Druck gab es auch von außen: Das benachbarte Persien entwickelte sich stetig zur Großmacht und das sorgte für Spannungen. Unstimmigkeiten beherrschten auch die innere Lage des

Mogulreiches unter Shah Jahan. Außerdem drohte gerade in den letzten Regierungsjahren Shah Jahans Ungemach. Sein Sohn Aurangzeb übernahm nach blutigen Auseinandersetzungen mit seinen Brüdern den Thron.

Nach der Machtübernahme verfiel das Reich. Seine Expansionspolitik – Arangzeb weitete sein Reich im südlichen Indien weiter aus – war nur oberflächlich erfolgreich. Vielmehr führten die militärischen Bemühungen erneut zu einer massiven Geldknappheit. Das Reich dehnte sich trotzdem unaufhaltsam aus und umfasste um 1700 bis auf die Südspitze Indiens und Sri Lanka den gesamten Subkontinent. In diese Expansion legte Arangzeb größte Bemühungen, was zur Folge hatte, dass er den Fokus auf den älteren Teil des Mogulreiches im nördlichen Indien vernachlässigte. Zudem galt Arangzeb als religiös intoleranter Theokrat und stütze seinen Machtanspruch auf den Islam. Hindus litten sehr unter seiner Herrschaft. Das sorgte für Spannungen. Viele der Arangzeb untergebenen Fürstentümer waren hinduistisch geprägt. Die Anspannung steigerte sich vielerorts in blutige Revolten gegen Arangzeb, der sein ganzes Leben lang um seine Macht erbittert kämpfen musste. Das

Einzige, was das Reich noch zusammenhielt, war Arangzebs persönliche Autorität. Denn seinen Beratern wie Armeeführern und Ministern vertraute er grundsätzlich nicht. In der Zeit Arangzebs erblühte mit dem Marathenreich eine zusätzliche Bedrohung im Süden und Westen Indiens.

Grundsätzlich ließ Arangzeb nach seinem Tod im Jahr 1707 ein zerrüttetes Reich zurück, dessen Verfall nicht aufzuhalten schien. An diesem Versuch scheiterte auch Bahadur Shah, Sohn des Arangzeb und dessen Nachfolger. Einige Regionen spalteten sich von dem Mogulreich ab, was Bahadur Shah tatenlos hinnehmen musste. Er übernahm den Thron bereits im fortgeschrittenen Alter und starb nach nur fünf Jahren Herrschaftszeit im Jahre 1712. Sein Sohn Jahandar Shah scheiterte bereits beim Versuch, die Ordnung im Reich aufrechtzuerhalten und wurde nach acht Monaten im Amt umgebracht. Nachfolger wurde Farrukh Siyar, ein Sayyide, die mit den Marathen verbündet waren und als deren Marionette er galt. Farrukh Siyar war es, der einer neuen Macht erhebliche Zugeständnisse machte: Den Briten. Schon in den Vorjahren waren die Briten an der Indischen Küste präsent. Um 1700 waren Madras, Kalkutta und

Bombay wichtige Häfen. In Pondicherry unterhielten die Franzosen und in Goa die Portugiesen ähnlich bedeutende Außenhandelsposten.

EXKURS: FRÜHE HANDELSPOSTEN EUROPÄISCHER STAATEN AUßER GROßBRITANNIEN IN INDIEN

Nicht nur für die Briten war Indien von Interesse. Auch andere, imperialistische Kräfte hatten ein Auge auf das Land geworfen, das einen regen Handel versprach. Die Franzosen zum Beispiel ließen sich in Pondicherry nieder. Dies geschah ohne Gewalt: Das kleine Fischerdorf wurde dem dortigen Sultan abgekauft und entwickelte sich in der Folge zu einem Knotenpunkt des französischen Überseehandels. 1947 gab es ein Referendum unter den Bürgern, die nach der Revolution von 1948 allesamt Staatsbürger Frankreichs waren. Die Frage, ob Pondicherry Teil des Französischen Staates bleiben soll, wurde mehrheitlich bejaht. In den Folgejahren gewannen jedoch indische Nationalisten an Einfluss, sodass Pondicherry 1954 an Indien überging. Weitere Ländereien unter französischer Kontrolle in Indien waren Yanam, Karaikal, Mahe und Chandannagar.

Auch die Portugiesen gründeten Stützpunkte in Indien. Das Gebiet umfasste drei nicht miteinander verbundene Landstriche. Die wichtigste Niederlassung war Goa, das 1510 erobert wurde. Hier entstand nicht nur ein wichtiger Handelsposten für den Export teurer Waren wie Gewürze. Goa galt als eine Art „Hauptquartier" für das portugiesische Weltreich. Von dort wurden auch die portugiesischen Überseegebiete in Afrika und im weiteren Asien verwaltet. 14 Jahre nach der Unabhängigkeit Indiens marschierten Truppen in Goa ein. Die Portugiesen kapitulierten und Goa wurde Teil des indischen Staates.

Es existierte auch eine Kolonie namens Niederländisch-Indien. Die befand sich jedoch nicht im heutigen Indien, sondern in Indonesien.

Farrukh stattete die Briten mit weitreichenden Befugnissen zur Ausweitung des Handels aus. So wurden die Händler aus Großbritannien beispielsweise von Zöllen befreit. Farrukh erhoffte sich dadurch eine Belebung des Außenhandels, doch dieser Plan schlug schnell ins Gegenteil um: Durch das britische Handelsmonopol gerieten die Inder schnell in eine wirtschaftliche Abhängigkeit des Empires, dass dieses sehr gut auszunutzen wusste. Auch die Provinzen des Mogulreiches konnten nur durch Zugeständnisse, die sie zu halbautonomen Staaten machten, gehalten werden. Farrukh selbst geriet so in eine schwierige Lage. Von den Sayyiden, die ihn einst in sein Amt gebracht hatten und die bereits vor dreihundert Jahren eine größere Rolle in der Geschichte Indiens spielten, wurde er für seinen erfolglosen Regierungsstil stark kritisiert und schließlich ermordet. In der Folge entbrannte ein Machtkampf, den die Sayyiden aber nicht für sich entscheiden konnten. Der neue Mogul hieß Muhammad Shah, der außer der Hinrichtung der um den Thron konkurrierenden Sayyiden nur wenige wichtige Meilensteine während seiner Regentschaft vorweisen konnte. Die Verwaltungsstrukturen wurden brüchig. Dies führte zur Revolution der Provinz Dekkan, die vor allem durch Muhammads ehemaligen Wesir – einen hohen Regierungsbeamten in der Mogulzeit – Asaf Jah vorangetrieben wurde. Dekkan war im Mogulreich eines der wichtigsten Gebiete. Durch die Abspaltung fiel etwa ein Drittel der Einkünfte des Reiches fort. Auch die militärische Stärke wurde dadurch massiv ausgedünnt. Der persische Herrscher Nadir Shah erkannte die Gunst der Stunde, rückte mit seinen Truppen ein und besiegte das Heer des Moguls

1739 in der Schlacht von Karmal. Der militärisch heillos unterlegene Mogul gewährte Nadir den friedlichen Einzug nach Delhi. Dort fanden weitläufige Plünderungen durch die Perser statt. Unter anderem wurde der königliche Schatz geraubt. Darunter befanden sich auch die berühmten Diamanten Koh-i-Noor und Darya-ye Noor, die heute Teil der britischen beziehungsweise iranischen Kronjuwelen sind. Außerdem kam es zu blutigen Massakern an der Zivilbevölkerung. Dies und die hohen finanziellen Verluste besiegelten das ohnehin schwächelnde Mogulreich. Immer mehr Provinzen des einst großen Reiches wurden wieder unabhängig. Die Macht von Muhammad war auf ein Minimum reduziert und sein Einflussbereich umfasste lediglich das geplünderte Delhi und Agra. Die Marathen hingegen erweiterten ihre Machtsphäre und die Grenze des Marathenreiches wurde bis an den Indus ausgedehnt. 1748 konnte Muhammad einen Angriffsversuch durch afghanische Soldaten abwehren, starb jedoch kurze Zeit später. Seine Nachfolger galten als unbedeutend und schwach und stellten für die einfallenden Afghanen keine Hürde dar und so eroberten diese den Sindh, Punjab und Gujarat. 1757 wurde Delhi erneut geplündert. Neben den Persern wurden die Reste des Reiches zunehmend durch die Marathen bedroht.

EXKURS: DIE BRITISCHE OSTINDIEN-KOMPANIE

Die Etablierung der britischen Kolonie Indien wurde maßgeblich von der Britischen Ostindien-Kompanie vorangetrieben. Hierbei handelte es sich um eine im Jahre 1600 in London gegründete Kaufmanns- und Aktiengesellschaft, deren vorrangiges Ziel es war, den Handel mit Gütern aus Indien zu intensivieren. Die Gründung einer solchen Handelsgesellschaft war nicht nur auf Großbritannien beschränkt. Auch andere Staaten Europas unterhielten entsprechende Ostindien-Kompanien. Doch kaum einer anderen Gesellschaft wurde in der Folgezeit eine derartige Macht zu teil. Der Ostindien-Kompanie Großbritanniens wurde durch das Königshaus das Recht zugesprochen, Krieg zu führen, Festungen auszuheben, Recht zu sprechen und Münzen zu prägen. Statt sich auf den Handel zu beschränken, wirkte die Gesellschaft genau so, wie ihre Bezeichnung es vermuten lässt: Eine Kompanie in den Diensten der britischen Krone.

Mit der Zeit entwickelte sich die Ostindien-Kompanie zu einem „Staat im Staate". Denn ihr Einfluss in England wuchs. Die wohlhabendsten Mitglieder der Ostindien-Kompanie ließen sich nur allzu gerne ins Parlament wählen, um ihren Einfluss auch im Mutterland zu stärken. Das war nicht schwierig: Durch Landkäufe sicherten sich die Neureichen ihre Stimmen. Gehörte einer solchen Person praktisch ein ganzer Stimmbezirk, wählten die Einwohner automatisch den Grundbesitzer. So generierte sich eine Abhängigkeit des Staates von den Mitgliedern der Kompanie. Schließlich waren sie nicht nur die Hüter über eine der wichtigsten Kolonien überhaupt, sondern mischten auch in der Politik in der Heimat mit. Gegenstimmen seitens der etablierten Politik gab es nur wenige. Die Kompanie war das größte Unternehmen der damaligen Zeit. So unterstützte der Staat die Kompanie mit weiteren Finanzmitteln und neuen Privilegien.

1772 musste der letzte Großmogul Indiens, Shah Alam II., stark geschwächt die Briten als Schutzmacht akzeptieren. Seinen symbolischen Titel als Herrscher durfte er zwar behalten. Seine Macht beschränkte sich allerdings fortan nur noch auf seinen eigenen Palast, das Rote Fort von Delhi. Delhi selbst stand ab dem beginnenden 19. Jahrhundert unter britischer Kontrolle.

Bis die Briten sich eine derartige Macht sichern konnten, dauerte es eine gewisse Zeit. Während noch in der Mitte des 18. Jahrhunderts faktisch Handelsinteressen, die sich zunächst auf Bengalen beschränkten, eine bedeutende Motivation der Ostindien-Kompanie darstellten, begannen die Briten sich schnell in indische Rivalitäten einzumischen. Schon 1757 kam es zu einer ersten, großen militärischen Auseinandersetzung zwischen Briten und indischen Fürsten. Mit Warren Hastings wurde 1771 ein Mann Gouverneur von Bengalen, das faktisch bereits Teil des Britischen Empires war, der die Landübernahme durch den Abschluss zahlreicher sogenannter Schutzverträge massiv beschleunigte. Schritt für Schritt verleibten sich die Briten weite Landstriche ein. Die inneren Unruhen in Indien bestärkte die Briten: Zu jedem Zeitpunkt gab es immer eine Partei, die Willens war, mit den Briten zu kooperieren. Das ermöglichte eine weitere Ausdehnung der britischen Machtspähre. Über diese Expansions- und Bündnispolitik gelang es einigen

Mitgliedern der Ostindien-Kompanie, enorme Reichtümer anzuhäufen. Denn sowohl die britischen Angestellten als auch die indischen Fürsten waren durch und durch korrupt. Das war einer der Gründe, warum die Ostindien-Kompanie selbst massiv in Schwierigkeiten geriet. Es fiel den Verantwortlichen immer schwerer, das stets wachsende und verfilzte „Kolonialreich" zu verwalten. Die Expansion kostete Unmengen an Geld, das von den Aktionären der Gesellschaft bereitgestellt werden musste. Das funktionierte nicht wie erwartet und die Ostindien-Kompanie häufte einen gewaltigen Schuldenberg an. Aus diesen Gründen wurde die Kompanie in kleinen Schritten in eine Verwaltungsorganisation umgestaltet, die direkt der britischen Krone unterstellt war. Somit wurde aus der Handelsgesellschaft praktisch eine Kolonisierungsgesellschaft. Spätestens im Jahre 1834 war diese Transformation abgeschlossen.

Diese Neuordnung bedeutete jedoch nicht, dass im britischen Indien Ordnung herrschte. Den Kolonialherren gelang die Verwaltung ihrer Gebiete nur unzureichend. Insbesondere auf dem Gebiet der Rechtsprechung herrschte völlige Uneinheitlichkeit.

Die Besonderheiten der islamischen Justiz – insbesondere das Strafsystem wurde aufgrund der einfachen Handhabe zunächst beibehalten – war aber nur schwer mit dem britischen Rechtsverständnis zu vereinen. Nur die grausamsten Strafmaße wie Verstümmelungen wurden durch die Briten abgeschafft. Tatsächlich gab es bis in die 1860er Jahre überhaupt kein einheitliches Strafrecht. Diese Uneinheitlichkeit wurde zusätzlich erschwert durch eine unübersichtliche und bisweilen nutzlose Bürokratie.

Zwischen den einstigen Mitarbeitern der Handelsgesellschaft und den nun durch die britische Krone eingesetzten Beamten herrschten Mentalitätsunterschiede. Während die Händler den Sinn verstanden, sich beispielsweise Sprache und regionale Lebensweisen anzueignen, um erfolgreicher mit den Einheimischen verhandeln zu können, sahen sich die höheren Beamten mehr als Missionare und Kolonialherren. So sollten die Einheimischen christliche Denkweisen und die Eigenschaften der britischen bzw. europäischen Kultur adaptieren.

Als James Broun-Ramsay, Mitglied des britischen Hochadels, im Jahre 1848 Generalgouverneur von Indien wurde, wurden die chaotischen Verhältnisse beseitigt. Broun-Ramsay organisierte ein rigides Verwaltungssystem. Auch die indischen Fürsten unterstanden der britischen Krone. Das zeigte sich besonders, als er die Doctrin of Lapse einführte, ein einfaches aber wirkungsvolles Prinzip für die britischen Besatzer, mehr Einfluss zu generieren. Diese Doktrin besagte, dass jeder Staat eines indischen Fürsten unter britische Kontrolle geriet, insofern der Herrscher ohne einen Erben starb. Das besondere war, dass nach der Doctrin of Lapse ein Erbe direkt der Blutlinie des Fürsten entstammen musste. Das stand im Widerspruch zu dem traditionellen Recht des Fürsten, einen Thronfolger selbst zu bestimmen und somit zu adoptieren, falls er keine direkten Nachfahren haben sollte. Kurzum: Starb ein Fürst kinderlos, ging sein Staat an das britische Empire. Das war aber nur eine der Möglichkeiten der Briten, sich weiteres Land anzueignen. Denn nach der Doctrin of Lapse war es ebenfalls möglich, einen Fürsten zu entmachten, sollte dieser sich als „manifestly incompetent", also offenkundig unfähig, erweisen. Wie genau diese Unfähigkeit auszusehen hatte, damit die Doktrin griff, war eine Sache der Interpretation. Die Doctrin of Lapse wurde von den indischen Adligen als Unrecht empfunden. Mehr als Proteste gab es jedoch zunächst nicht. Durch die beiden Tricks gelang es Broun-Ramsay, weitere Fürstenstaaten zu annektieren – das britische Kolonialreich in Indien wuchs rasant. Der britische Plan ging somit auf. Auch gesellschaftliche Reformen schürten den Unmut in der Bevölkerung. Die Insassen von Gefängnissen wurden von den Briten nicht mehr nach ihren jeweiligen Kasten getrennt. Unter einem indischen Herrscher wäre dies undenkbar gewesen. Landreformen führten zu Enteignungen, überhöhten Steuern und Armut. Aus den Protesten gegen die Aufhebung angestammter Traditionen wurde mit der Zeit echter Zorn, der sich in Widerstandsbewegungen gegenüber den britischen Kolonialherren äußerte und in Aufständen gipfelte.

Beim Sepoy-Aufstand, oder auch verallgemeinert Indischer Aufstand genannt, lehnten sich die Inder gegen die Briten auf. Seinen Namen erhielt die Bewegung von den Sepoys, indischen Soldaten im Dienste Großbritanniens. Am 10. Mai 1857 kam es zunächst in Merath zur Revolte der Truppen gegenüber ihren Befehlshabern. In der Folge breitete sich der Aufstand im Ganges Tal und bis nach Zentralindien aus. Es fanden grausame Massaker statt. Sepoys sowie Teile der Zivilbevölkerung ermordeten

Briten und andere Europäer sowie Inder, die zum Christentum konvertiert waren. Das wiederum wurde von den Briten als Kriegserklärung gewertet, ein Vergeltungsfeldzug folgte. Verschärft wurde die Situation durch das Massaker von Kanpur. Indische Truppen ließen mehrere Dutzend Frauen und Kinder mit Äxten und Beilen erschlagen. Schockiert von dieser Grausamkeit antworteten die Briten mit militärischer Härte und das hatte Erfolg. Schon 1858 war der Aufstand weitestgehend beigelegt.

EXKURS: DIE PATRONEN DES ENFIELD-GEWEHRS

Über den Auslöser des Sepoy-Aufstandes herrscht in der Wissenschaft weitestgehender Konsens. Auslöser war die zunehmende Unterdrückung und Entrechtung der einheimischen Bevölkerung durch die Briten. Der sprichwörtliche Tropfen, der das Fass zum Überlaufen gebracht hat, mag die Einführung des britischen Enfield-Gewehres bei den Sepoys gewesen sein. Dessen Munition bestand aus Papierpatronen, die eingefettet waren. Bei dem Schmiermittel handelte es sich wahlweise um Rinder- oder Schweinetalg. Vor dem Laden der Gewehre mussten die Patronen mit den Zähnen aufgebissen werden. Der Kontakt der indischen Soldaten mit diesen Substanzen, die allesamt Hindus und Moslems waren, stellte für beide Glaubensrichtungen einen Verstoß gegen die jeweiligen religiösen Lehren dar.

Bei den Gefechten des Sepoy-Aufstandes fanden viele Menschen den Tod. Auf britischer Seite werden etwa 2.500 gefallene Soldaten vermutet, die Todesopfer unter den Indern übertrafen diese Zahlen um ein Vielfaches.

Der Aufstand der Sepoys hatte Folgen. Die Britische Ostindien-Kompanie wurde endgültig aufgelöst und Indien wurde eine Kronkolonie des Empires. Die Reaktionen der britischen Öffentlichkeit auf den Aufstand fielen massiv aus. Denn das öffentliche Bild des Subkontinents war romantisch verklärt. Vor der Revolte galt Indien als traumhaftes Märchenland voller Reichtümer und seine Bewohner als kauzige, aber den Frieden liebende und tief religiöse Menschen. Dass die Inder zu Gewalt bereit waren, schockte die Briten. In der Folge wurden die Menschen Indiens und insbesondere die Sepoys in der britischen Presse als mordende und blutlüsterne Monster dargestellt. Dies vergrößerte die Kluft beider Länder zusätzlich. Auch in

Großbritannien gab es kritische Stimmen gegenüber der eigenen Politik.

Als unmittelbare Reaktion auf die Geschehnisse versuchten die Briten ihre Bindung an die Indischen Adelshäuser zu festigen. Auf eine Untergrabung der angestammten Traditionen wollten die Besatzer fortan verzichten. Trotzdem wurde 1858 der letzte Mogulkaiser abgesetzt. Erst durch diesen formalen Akt wurde das Mogulreich endgültig beseitigt, wenngleich die letzten Kaiser höchstens noch symbolische Aufgaben hatten.

DIE KOLONIE BRITISCH-INDIEN

Nach dem Sepoy-Aufstand endete im Jahre 1858 nicht nur das Mogulreich, sondern auch die Befugnisse der Ostindien-Kompanie. Im Goverment Act of India 1858 wurde das Erbe der Kompanie geregelt. Alle Territorien der Ostindien-Kompanie wurden amtlich der Britischen Krone unterstellt. Die Verwaltung der Kolonie wurde durch eine Institution namens India Office von London aus durchgeführt. Auch das gesamte Vermögen der Kompanie ging an die Krone. Um der Umsetzung des Government Acts Kraft zu verleihen, nahm die damalige Königin Victoria den Titel „Kaiserin von Indien“ an. Denn die Ostindien-Kompanie war zuvor zumindest in der Theorie noch den Mogulkaisern unterstellt, obwohl die Mitglieder der Handelsgesellschaft de facto die mächtigste Kraft im Land waren. Eine eigene Verwaltung gab es durch die Annahme des Titels des Kaisers somit nicht mehr. Im Eigenverständnis der Briten schuf dies die legale Basis der Regierung des Landes. Das so entstandene Kaiserreich wurde zu zwei Dritteln von der Krone direkt verwaltet. Im verbliebenen Drittel übernahmen regionale Fürsten die Verwaltungsgeschäfte unter unmittelbarer Kontrolle des Generalgouverneurs, für den der Titel „Vizekönig von Indien“ geschaffen wurde, Gouverneure wurden zu „Chief Commissioners“. Die Einheimischen erlangten verschiedene Rechte zurück, die von der Ostindien-Kompanie versagt wurden. Fürstentitel konnten wieder per Adoption vererbt werden. Ebenfalls waren Inder und Briten in ihrer Berufsausübung theoretisch gleichgestellt. Beide Bevölkerungsgruppen konnten Beamte werden. In der Realität sah diese moderne Reform etwas anders aus. Höhere Posten in der Verwaltung blieben Indern meist verwehrt. Generell boten sich so auch für die Einheimischen weitaus mehr Möglichkeiten zur Karriere als vorher. Um 1860 glich die Landkarte Indiens einem Flickenteppich. Das direkte Einflussgebiet Großbritanniens war kein Flächenstaat im engeren Sinne, sondern war von einer Vielzahl der „native states“ durchsetzt.

Unter den Briten kam es in dieser Zeit zu einem wirtschaftlichen Aufschwung, wenngleich Indien kaum industrialisiert wurde. Vielmehr verfolgten die Briten den Ansatz, Rohstoffe in Indien anbzubauen, diese nach Großbritannien zu verschiffen und dort entsprechende Endprodukte zu fertigen, die im geringeren Maßstab wieder auf den indischen Markt gebracht wurden. Indien wurde so zum Rohstofflieferanten, aber auch zu einem Absatzmarkt. Wichtige Rohstoffe waren Jute, Tee und Weizen.

Die Infrastruktur wurde maßgeblich aufgewertet. Es entstanden Straßen, Kanäle, Bahnlinien, aber auch Universitäten. Durch den Umstand, dass Indien weiterhin landwirtschaftlich geprägt war, hatte die Mehrzahl der Bevölkerung – in der Regel einfache Bauern – kaum etwas von diesem Aufschwung. In erster Linie profitierten von der Verbesserung der allgemeinen Situation nur die Briten. Erst mit zeitlichem Verzug kamen die positiven Auswirkungen der Modernisierung bei der indischen Bevölkerung an. Für den weiteren Verlauf der Geschichte war dies dennoch entscheidend, da eine moderne Infrastruktur die Entwicklung einer indischen Mittelschicht begünstigte. Manche der durch die Briten mitgebrachten Technologien wurden von den Indern gerne adaptiert, so zum Beispiel die Buchpresse. Für die Besatzer aus Großbritannien war der Unterhalt der indischen Kolonie ein kostspieliges Unterfangen. Der Unterhalt der großen Armee kostete eine Menge Geld. Dies machte sich besonders nach der Niederschlagung des Sepoy-Aufstands bemerkbar. Denn die Briten sahen in einer Armee, die vollständig aus Sepoy bestand, eine potenzielle Keimzelle erneuten Widerstandes. Deshalb wurde die Zusammensetzung der indischen Armee geändert: Künftig musste jeder dritte Soldat Europäer sein. Dadurch stiegen die Ausgaben enorm, denn den europäischen Soldaten stand der dreifache Sold zu. Nachteilig war außerdem, dass sich Großbritannien vermehrt bei Konflikten auf die Unterstützung Indiens stützte. Überall auf der Welt kämpften Inder für das Empire. Alle diese Ausgaben wurden jedoch als Kosten der indischen Kolonie deklariert und nicht Großbritanniens. In der Folge schrieb die Kolonie aufgrund der enormen Militärausgaben tiefrote Zahlen. Im Jahr 1909 betrugen die Ausgaben für das Militär fast 52 Prozents des indischen Haushalts.

Kleine Einnahmen wurden durch Handel erzielt. Weitaus höher fielen die Einnahmen aus der Erhebung einer Grundsteuer aus. Weitere Steuern folgten, so beispielsweise für die Nutzung von Wald- und Weidegebieten. Traditionell lebende indische Stämme erhoben sich daraufhin. Schließlich wurden sie einem Teil ihrer Lebensgrundlage beraubt. Die daraus resultierenden Aufstände wurden meist mit Gewalt niedergeschlagen. Neben bekannten Steuerformaten wie der Umsatz- und Einkommensteuer etablierten die Briten Kleinststeuern wie die Salzabgabe, die bei der Einfuhr von Kochsalz anfiel. Die Einnahmen für die Kolonialherren waren zu vernachlässigen, aber die Wirkung war gewaltig. Von der Salzsteuer waren Familien ebenso betroffen wie Händler. Denn Salz war in Indien mehr als ein Gewürz. In Salzwasser wurde das wichtigste Grundnahrungsmittel Reis zubereitet. Außerdem diente das Mineral dazu, den Elektrolytverlust durch die heißen Temperaturen auszugleichen. Der Mangel an Salz beziehungsweise dessen Preis schürte den Zorn und somit wurde die Salzsteuer einer der Motoren von Unabhängigkeitsbewegungen.

Eine bedeutende Zäsur fand im Jahre 1885 statt, als der Indische Nationalkongress (INC) gegründet wurde. Die Bedeutung des Kongresses war zunächst überschaubar. Ein Mitregieren war nicht möglich. Stattdessen konnten die Mitglieder des Kongresses Anfragen und Bitten an die britische Verwaltung herantragen. Die Kongressmitglieder waren elitäre Personen der indischen Gesellschaft. Ihre Wertevorstellungen und Bildung galten als europäisch geprägt. Auch wenn der INC zu diesem Zeitpunkt nach den Vorstellungen der Briten gestaltet war, sollte er in den nachfolgenden Jahren die Keimzelle der Unabhängigkeitsbewegung werden. Der erste Schritt zu Verschärfung der Situation fand im Jahre 1909 statt. Da die Macht im INC überwiegend bei Mitgliedern hinduistischen Glaubens lag, spalteten sich die muslimischen Mitglieder ab und gründete die Muslimische Liga. Auch wenn die Liga grundsätzlich mit dem INC konkurrierte, hielten beide 1916 schriftlich ein gemeinsames Ziel fest: Die Unabhängigkeit Indiens. Dieses Ereignis fiel mitten in die Zeit des 1. Weltkrieges, von dem auch Indien nicht unberührt blieb. Etwa 1,3 Millionen Inder kämpften auf Seiten der Briten. Der Gedanke eines unabhängigen Indiens reifte weiter. Maßgeblich daran beteiligt war der wohl bekannteste Führer des Indischen Nationalkongresses, Mahatma Gandhi. Gandhi war ein charismatischer Redner und verstand es perfekt, die Massen von seiner Form des gewaltlosen Widerstandes gegen die britische Herrschaft zu überzeugen. Eines seiner erklärten Ziele war die Vereinigung von Hindus und Moslems in einem geeinten Staat. Wie kein Redner vorher verstand Gandhi es, die Themenfelder Politik und Religion zu verflechten. So wirkten seine Kundgebungen wie spirituelle Zeremonien. 1919 kam es im ganzen Land zu

Massendemonstrationen. Ausgelöst wurde der Unmut durch verschiedene Maßnahmen der Briten. Eine davon war der Rowlatt Act, der es den Kolonialherren erlaubte, Sondergesetze, die im Krieg eingeführt wurden, auch im Frieden weiter anzuwenden. Dazu gehörte unter anderem, Personen, die als Terroristen eingestuft wurden, ohne einen Prozess verhaften zu lassen. Ebenfalls war die Verhaftung von (vermeintlichen) Widerständlern ohne weiteres möglich. Ein zusätzliches Ärgernis resultierte aus dem Einsatz der indischen Soldaten im Weltkrieg, die vornehmlich im Nahen Osten ihren Dienst verrichteten. Laut allgemeiner Auffassung wurden diese Veteranen durch die Briten nicht hinreichend gewürdigt.

EXKURS: DAS LEBEN DES MAHATMA GANDHI

Mahatma Gandhi ist wohl die bedeutendste Person in der Geschichte Indiens. Mohandas Karamchand Gandhi erblickte am 2. Oktober 1869 in Porbandar, einer kleinen Stadt in Westgujarat, das Licht der Welt. Seine Eltern waren wohlhabend, sein Vater war ein hoher Minister. Die Gandhis gehörten der Kaste der Vaishyas an – also den Kaufleuten – und waren somit Teil der

Oberschicht. Ab 1888 studierte er Rechtswissenschaften in London und war damals schon fasziniert von der Idee des gewaltlosen Widerstandes. 1891 macht er seinen Abschluss, ließ sich danach als Anwalt in Bombay und Rajkot nieder. Danach zog es ihn nach Südafrika, um dort als Anwalt zu arbeiten. Gleichzeitig setzte er sich für die dortige indische Minderheit und deren Rechte ein. Gandhi gründete dort eine Zeitung, die Texte auf englisch und indisch enthielt. In Südafrika kam er durch seinen politischen Aktivismus mit dem Gesetz in Konflikt. Es folgten Gefängnisstrafen. Erst 1914 kehrte er nach Indien zurück und begann dort seinen gewaltlosen Kampf gegen die Britische Kolonialmacht.

Übrigens: „Mahatma" ist kein Vorname, sondern ein Ehrentitel, der in etwa „Mit großer Seele" bedeutet.

Auch wenn Gandhi einen gewaltlosen Widerstand propagierte, blieb es nicht immer friedlich. So zum Beispiel beim Massaker von Amritsar in der gleichnamigen Stadt und dem Austragungsort einer zunächst friedlichen Demonstration gegen die britischen Herrscher, die eskalierte. Konkretes Ziel war der Protest gegen zwei lokale Führer indischer Nationalisten. Relativ schnell eskalierte die Situation. Indische Demonstranten steckten Verwaltungs- und Bankgebäude sowie Privathäuser in Brand. Der Gouverneur der Region, Michael O´Dwyer, reagierte mit der Ausrufung des Kriegsrechtes und britische Soldaten rückten in Amritsar ein. Und noch mehr: Ausdrücklich ordnete er an, Demonstranten zu beschießen. Dies führte zu einer Katastrophe. Mehrere tausend Menschen, die friedlich demonstrierten, versammelten sich in einem Park, der ringsherum von Mauern umgeben wurde und nur in eine einzige Richtung einen Ausgang besaß. Der wurde von etwa 150 britischen Soldaten versperrt. Gemäß dem Befehl des Gouverneurs eröffneten sie das Feuer. Das Resultat waren etwa 380 getötete Demonstranten und über 1000 Verletzte. Der Kommandeur der Truppen, Brigadegeneral Reginald Dryer, meldete nach dem Massaker, dass es sich bei den Demonstranten um bewaffnete Revolutionäre gehandelt habe.

Trotz des Schreckens des Massakers von Amritsar ließen sich Gandhi und seine Anhänger nicht von dem Weg des friedlichen Protestes abbringen. Stattdessen wurde vermehrt auf zivilen Ungehorsam als Mittel des Protests gesetzt. Gandhi rief seine Landsleute auf, ihre

Arbeit niederzulegen, wo immer sie auch für die Briten tätig waren. Verwaltungen und Fabriken wurden geschlossen, auch der Betrieb der Eisenbahn wurde niedergelegt und Gandhi rief zum Boykott gegenüber allen Waren auf, die in Großbritannien hergestellt und in Indien vertrieben wurden. Der Erfolg war zunächst so groß, dass Gandhi sich schon auf dem Weg zur Unabhängigkeit wähnte. In der Folge wurden die Maßnahmen verschärft. Steuern wurden nicht mehr bezahlt und politische Wahlen boykottiert. Stets betonte Gandhi, dass jede Aktion nur unter friedlichen Mitteln durchzuführen sei. So appellierte er an seine Getreuen, auch Haftstrafen widerstandslos über sich ergehen zu lassen. Bei Verhaftungen war der Einsatz von Knüppeln durch die britische Polizei üblich. Diese Schmerzen zu ertragen ohne selbst zurückzuschlagen, wurde zu einem Kernelement des gewaltlosen Widerstandes.

Ein weiterer zentraler Punkt von Gandhis Ideologie war die Einigkeit von Hindus und Muslimen. Gedanken wie diese kamen in vielen Bevölkerungsgruppen Indiens sehr gut an. Doch nicht jeder teilte seine Einstellung. Insbesondere bei höheren Politikern und militanten

Freiheitskämpfern sorgte Gandhis Idee des Ungehorsams für Kritik. Gerade die Muslimliga kritisierte Gandhi massiv.

Der Erfolg der Maßnahmen ließ sich jedoch nicht mehr leugnen. Auf den Massenstreik, der alle Lebensbereiche betraf, reagierten die Briten recht hilflos. Fast jeder Inder, der dem Aufruf zum Ungehorsam folgte, trat in Gandhis Kongresspartei ein. Die politische Basis des friedlichen Widerstandes wuchs stetig. Mittlerweile hatte die Bewegung das ganze Land erfasst. Dem gegenüber stand ein Empire in Schockstarre. Die Regierung wurde nahezu komplett untergraben, mangels Personals war eine funktionierende Exekutive nicht mehr gegeben. So gab es nicht einmal mehr genug Polizisten. Denn auch die Ordnungshüter liefen auf die Seite der Protestler über. In der Folge musste die britische Armee die Aufgaben der Polizei im Land übernehmen. Die Lage spitzte sich langsam aber stetig zu. Tausende Anhänger Gandhis wurden verletzt und getötet. So rückten immer größere Teile der Bewegung vom Gedanken des friedlichen Protestes ab. Zunächst wurden britische Produkte wie Textilien auf großen Scheiterhaufen verbrannt. Am Ende dieser Entwicklung standen gewalttätige Auseinandersetzungen, deren Intensität beständig stieg. Anfangs wurden lediglich unorganisierte Einzelaktionen auf Einrichtungen und Gebäude verübt. Doch besondere Bekanntheit erlangte ein Gewaltausbruch im Dorf Chauri Chaura. Dort wurde eine Polizeistation in Brand gesetzt und 15 Polizisten – Inder im Dienste der Briten – wurden getötet.

Spätestens zu diesem Zeitpunkt sah Gandhi seinen friedlichen Umsturz als gescheitert an und befürchtete eine weitere Eskalation der Gewalt. Keinesfalls wollte er es riskieren, dass vormals protestierende Menschen als tobender und tötender Mob durch die Straßen zogen. In der Folge erklärte er den Widerstand gegen die Briten offiziell für beendet. Die Schuld für den Misserfolg sah er bei sich selbst. Er habe seine Anhänger im Vorfeld nur ungenügend auf die Bedeutung des friedlichen Protestes vorbeireitet. Sofortige Wirkung zeigte das beileibe nicht. Auch wenn viele seiner Anhänger den Vorfall in Chauri Chara ebenfalls verurteilten, sollte der Widerstand nicht aufgegeben werden. Die Tötung der Polizisten galt bei vielen Anhängern Gandhis als Einzelfall. Der „amtliche“ Appell zur Beendigung der Bemühungen zur Unabhängigkeit wurde von den Protestlern kaum akzeptiert.

Erst als Gandhi in einen Hungerstreik trat, um seiner Forderung Nachdruck zu verleihen, ließen sich Millionen seiner Anhänger nach dreiwöchigem Fasten davon überzeugen, den Widerstand aufzugeben.

Bereitwillig ließ er sich sofort nach der Beendigung des Widerstandes von den Briten verhaften, die ihn aufgrund der Veröffentlichung aufrührerischer Schriften zu einer Haftstrafe von sechs Jahren verurteilten. Gandhis schlechter Gesundheitszustand – er hatte eine Blinddarmentzündung – führte dazu, dass er bereits vorzeitig aus dem Gefängnis entlassen wurde. Somit endete die Haftstrafe bereits nach 2 Jahren und Gandhi konnte sich einer lebensnotwendigen Operation unterziehen.

Mahatma Gandhi war zu diesem Zeitpunkt immer noch Anführer des Indischen Nationalkongresses. Jedoch war er von dem Misserfolg seiner Revolution entmutigt. Auch innerhalb seiner Partei verlor er Macht. Obwohl er noch viele Anhänger hinter sich vereinen konnte, erstarkten innerhalb des Nationalkongresses oppositionelle Strömungen. Die Swaraj Partei wurde gegründet, deren Anhänger Gandhi als Anführer ablehnend gegenüberstanden. Andere Kongressmitglieder kritisierten wiederum die Einstellung des

Widerstands aufgrund der Gewaltausbrüche. Gandhi hätte sich nicht von Einzelaktionen beeinflussen lassen sollen.

Dennoch hatten sich die Thesen Gandhis zum friedlichen Umsturz in den Köpfen der Bevölkerung manifestiert und auch er selbst wandte sich nicht von dieser Philosophie ab. Seine Anhängerschaft blieb groß und Gandhi startete erneute Kampagnen zum gewaltfreien Widerstand. Einzelne Aktionen brachten diesmal Erfolg, wie der Salzmarsch. Am 12. März 1930 zog Gandhi mit rund 80 seiner Anhänger von seinem Wohnort Sabarmati Ashram nach Dandi, das am Arabischen Meer liegt. Zu Fuß legten sie dabei an 24 Tagen 385 Kilometer zurück. Das Ziel dieser Aktion war der Protest gegen den Salzhandel, den die Briten vollständig unter ihrer Kontrolle hatten. Dort, an der Küste, folgte eine erneute Aktion zivilen Ungehorsams. Statt den Briten für teures Geld Salz abzukaufen, wurde das Mineral selbst gewonnen. Dazu wurden Schüsseln mit Meerwasser in die Sonne gestellt. Verdunstete das Wasser, blieb nur Salz zurück. Als sich die Nachricht über diese Aktion in Indien verbreitete, folgten viele Inder dem Aufruf. Die Briten reagierten empfindlich, schließlich war der Handel und die

Gewinnung von Salz nur ihnen vorbehalten. Als besonderer Affront galt, dass die Inder ihr eigenes Salz nicht nur verwendeten, sondern weiterverkauften. Das Salzmonopol war gebrochen. Daraufhin ließen die Briten 50.000 Inder sowie fast alle Mitglieder des Kongresses verhaften. Die Inhaftierungen beschleunigten die Aktion und befeuerten den Widerstandsgedanken. Auch wenn der Salzmarsch auf der ganzen Welt als vielbeachtetes Beispiel friedlichen Widerstandes galt, änderte sich zunächst nur wenig. Immerhin sollte im Rahmen des Government Acts of India von 1935 ein Zentralparlament, das sich aus indischen Politikern zusammensetzte, geschaffen werden. Dieses Ziel war ein Zwei-Kammern-System, bestehend aus einem Oberhaus und der „federal assembly", deren Mitglieder gewählt werden konnten. Durch eine Ausweitung des Wahlrechts konnten nun 30 Millionen Menschen bei Wahlen ihre Stimme abgeben (Vormals: 6,5 Millionen). Die Einrichtung eines Parlaments konnte allerdings nicht erreicht werden. Für beide Kammern fanden sich nicht genug indische Politiker bzw. Fürsten, die bereit waren, teilzunehmen. Eine Beschlussfähigkeit wurde nie erreicht. In der Folge blieb das zentrale Parlament auf dem Stand von 1919.

Auf der Provinzebene fanden Wahlen statt, bei denen sich die Kongresspartei, die ebenfalls ein Synonym für den Kongress selbst ist, größtenteils als stärkste politische Kraft durchsetzte. Regionen, die an andere Staaten grenzten, waren nach wie vor von der Selbstverwaltung ausgeschlossen. Jene Selbstverwaltung versprach für die indischen Provinzen zwar in der Theorie mehr Eigenverantwortung, konnte aber jederzeit durch den Gouverneur aufgehoben und unter seine direkte Kontrolle gestellt werden. Auch wenn diese geplante Reform des Mitspracherechts indischer Politiker modern erschienen, wurde es nie wirklich umgesetzt. Ganz besonders deutlich wurde dies beim Ausbruch des Zweiten Weltkrieges. Die ablehnende Haltung gegenüber den Nationalsozialisten durch die Briten wurde von der breiten Masse der Bevölkerung Indiens ausdrücklich begrüßt. Doch selbst in den Krieg eintreten wollte die bedeutende Mehrheit der indischen Politiker nur dann, wenn Indien selbst die Unabhängigkeit erlangen würde. Der damalige Gouverneur Lord Linlithgow ignorierte diesen Vorschlag und erklärte Deutschland rechtskräftig den Krieg, ohne mit den indischen Politikern Rücksprache zu halten. Dies veranschaulichte die faktische Machtlosigkeit des Nationalkongresses. In der Konsequenz wurden die erneuten Forderungen nach Unabhängigkeit wieder lauter, die jedoch von den britischen Machthabern wieder abgelehnt wurde. Daraufhin brachen Aufstände aus, die mit Gewalt niedergeschlagen wurden.

Eine wichtige Persönlichkeit zu diesem Zeitpunkt war Subash Chandra Bose, Mahatma Gandhis Nachfolger im Amt des Vorsitzenden des Nationalkongresses und dessen konsequenter Gegner. Er lehnte den Gedanken des friedlichen Umsturzes ab und wollte die Unabhängigkeit des Landes mit militärischer Gewalt erzwingen. Des Weiteren war Bose überzeugt, dass sich die Souveränität Indiens nur mit außenpolitischer Unterstützung herbeiführen lasse. In den 30er Jahren reiste er aus diesem Grund quer durch Europa und führte unter anderem Gespräche mit Benito Mussolini. Kurz nachdem die Aufstände nach der britisch-indischen Kriegserklärung an Deutschland im Jahre 1939 beigelegt wurden, wurde Bose als Vorsitzender des Nationalkongresses inhaftiert. Im Gefängnis trat er in einen langen Hungerstreik und die Briten wandelten die Haftstrafe in Hausarrest um – zu groß war die Angst vor der Reaktion Boses Anhängerschaft, falls er zu Tode kommen sollte. 1941 gelang Bose schließlich eine spektakuläre Flucht über Kabul, Moskau und schließlich ins Deutsche Reich. Die Suche nach ausländischer Unterstützung machte zumindest teilweise Fortschritte. Mitte 1942 trug er sein Ansinnen bei dem deutschen Außenminister Joachim von Ribbentrop und Adolf Hitler vor. Die NS-Führung war von den Plänen, den Unabhängigkeitskampf der Inder zu unterstützen, nicht überzeugt: Er solle seinen Hilferuf im japanischen Kaiserreich vortragen, das mit Deutschland verbündet war. Die Japaner lägen geografisch näher an Indien und haben erfolgreiche Schlachten gegen europäische Kolonialmächte ausgetragen. Immerhin gelang es Bose, Hitler zu überzeugen, ein Freiwilligenregiment auszuheben, dass zunächst an der Seite der Wehrmacht und später für die Unabhängigkeit Indiens kämpfen sollte.

EXKURS: DIE LEGION FREIES INDIEN

Boses Legion bestand zum größten Teil aus Indern, die für die Briten in Nordafrika kämpften und in deutsche Kriegsgefangenschaft gerieten. Auch Zivilisten in Deutschland schlossen sich dem Regiment an. Die Aufgabe der Soldaten war zunächst „missionarisch“: Die Freiwilligen sollten andere Inder in Kriegsgefangenschaft überzeugen, an Seite der Deutschen für eine „gerechte Sache“, nämlich die Befreiung Indiens zu kämpfen. Ende 1942 wurde die Legion Freies Indien in den Niederlanden eingesetzt und schließlich an den Atlantikwall nach Frankreich versetzt. Dort wurden die indischen Infanteristen auch von Generalfeldmarschall Erwin Rommel inspiziert. Von diesem Ereignis existieren eindrucksvolle Fotoaufnahmen. Nach der erfolgreichen Landung der Alliierten in der Normandie wurde die Legion nach Deutschland überführt und dann zurück nach Frankreich. Während des Rückzugs in Richtung Deutschland erlitt die Legion erste Verluste. Bei dem Versuch, sich in die neutrale Schweiz durchzuschlagen, wurden die Inder von alliierten Truppen gefangengenommen und gerieten in Kriegsgefangenschaft. Ihnen wurde in Delhi die Anklage gemacht: Sie galten als Hochverräter. Dennoch wurden sämtliche verurteilten Mitglieder 1946 nach massiven Protesten der Bevölkerung wieder frei gelassen. Die Truppenstärke der Legion Freies Indien betrug etwa 2600 Mann und war der Waffen-SS unterstellt. Eine Besonderheit war ihre Ausrüstung: Die Inder trugen keinen

Stahlhelm zu ihrer Wehrmachtsuniform, sondern einen traditionellen Turban.

Hitlers Rat folgend machte sich Bose mit einem deutschen U-Boot auf den Weg nach Madagaskar und stieg dort in ein japanisches U-Boot um. Von dort brachte man ihn nach Singapur, das von japanischen Soldaten besetzt war. Der Empfang Boses war herzlich. Mit Unterstützung der Japaner gründete er in Singapur die „Indische Armee", die aus etwa 40.000 indischen Exilanten und Kriegsgefangenen bestand. Im Oktober 1943 gründete er die indische Exilregierung Azad Hind, zu Deutsch „Freies Indien". Die Regierung wurde nur von den Achsenmächten um Deutschland, Italien und Japan anerkannt.

Im Jahre 1943 kam es zu einer großen Hungersnot in Bengalen. Mit Hilfe der Japaner bot Bose an, der britischen Regierung in Indien Reis für die hungernde Bevölkerung zukommen zu lassen. Die Briten schlugen das Angebot aus. In der Folge starben etwa zwei Millionen Menschen den Hungertod. Die Japaner selbst zeigten am indischen Subkontinent nur wenig Interesse. Das Kaiserreich war mit den eigenen Niederlagen im

Kampf gegen die USA beschäftigt. Das Ende des Kaiserreiches war gleichzeitig das Ende von Azad Hind. Nach dem Abwurf von Atombomben auf Hiroshima und Nagasaki kapitulierten die Japaner und die Truppen der indischen Exilregierung gleich mit.

DIE UNABHÄNGIGKEIT INDIENS

Im August 1945 wollte Bose von Singapur aus nach Tokyo fliegen. Sein Flugzeug stürzte ab und Bose kam ums Leben. Sein Beitrag zur Unabhängigkeit, die im Jahre 1947 gelang, war gewaltig, doch die Mittel die Bose anwendete, werden bis heute kontrovers diskutiert. Dennoch wurden in ganz Indien Statuen zu Ehren Boses errichtet, insbesondere in Bengalen, wo er als Held verehrt wird. Für die indische Regierung hingegen, war die Person Bose lange ein Thema, das mal mehr, mal weniger totgeschwiegen wurde. Generell wurde er in der Öffentlichkeit kaum erwähnt.

Auch nach dem Ende des Zweiten Weltkrieges kam Indien nicht zur Ruhe. Es kam zu massiven Auseinandersetzungen zwischen Hindus und Muslimen. Die Positionen der verfeindeten Lager, dem indischen Nationalkongress und der Muslim-Liga, spitzten sich zu. Aufstände konnten die Briten nur unter dem Einsatz massiver Waffengewalt und großer Mühe niederschlagen. Die Probleme auf britischer Seite waren allgegenwärtig und relativ überraschend kam es tatsächlich zu Verhandlungen über eine mögliche Unabhängigkeit Indiens. An jenen Verhandlungen nahm Mahatma Gandhi für den Indischen Nationalkongress sowie sein Nachfolger Jawaharlal Nehru teil. Auch Mohammed Ali Jinnah, der Anführer der Muslim-Liga saß mit am Tisch. Die Pläne für die Zukunft des Landes gingen auseinander. Während Gandhi ein vereinigtes Indien vorschwebte, drängte Jinnah auf eine Zweiteilung des Landes in einen muslimischen und einen hinduistischen Teil – das heutige Pakistan und Indien. Über diese Frage entbrannte ein heftiger Streit, der sich über das ganze Land ausbreitete und erneut in gewaltsame Auseinandersetzungen mündete. Diesmal bekamen die Briten die Aufstände nicht in den Griff und wollten sich der permanent instabilen Kolonie Indien schleunigst entledigen. Der ursprüngliche Plan auf Seiten der Briten sah vor, Indien im Jahr 1948 in die Unabhängigkeit zu entlassen. Angesichts der Aufstände wurde dieser Schritt vorgezogen und bereits ein Jahr früher, 1947, kam es zu eiligen Machtverhandlungen, initiiert durch den damaligen Gouverneur Louis Mountbatten. Der britische Gouverneur der Noch-Kolonie Indiens war dafür verantwortlich, die Unabhängigkeit in die Wege zu leiten. So stellte er am 3. Juni 1947 einen Masterplan auf, der die künftige Verwaltung des Landes regeln sollte. Indien und Pakistan wurden unabhängige und selbst verwaltende Staaten bzw. Kolonien (Dominions). Ein Plan, mit dem sowohl der Nationalkongress als auch die Muslim-Liga gut leben konnte. Die neuen Grenzen wurden nach religiösen Mehrheiten der jeweiligen Regionen gezogen. Überwiegend muslimisch geprägte Gebiete wurden Teil Pakistans. Dort wo Hindus die Mehrheit bildeten, entstand das moderne Indien. Und Mountbatten war schnell. Zum 15. August 1947 wurde die Staatsmacht übergeben und die Grenzen neu gezogen – nach nicht einmal drei Monaten nach der Ausarbeitung des Plans. Dass es zu dieser Zwei-Staaten-Lösung keine Alternative gab, war den meisten Zeitgenossen völlig klar. Zu tief waren die Gräben zwischen Muslimen und Hindus. Für diesen Punkt wurde Mountbatten nicht kritisiert. Heftigst angegriffen wurde er jedoch für seinen straffen Zeitplan, der vielen Beobachter als absolut übereilt vorkam. Und jene sollten Recht behalten: Gerade die neuen Grenzen beider Länder sorgten schnell für massive Konflikte.

EXKURS: DIE GRENZLINIEN DES CYRIL JOHN RADCLIFFE

Mit der Ausarbeitung der neuen Grenzen zwischen Indien und Pakistan wurde der Rechtsanwalt Cyril

John Radcliffe betraut. Radcliffe selbst wurde von dem straffen Zeitplan Mountbattens ziemlich überrumpelt und sah sich mit der Herausforderung konfrontiert, unter massivem Zeitdruck zu arbeiten. Kurzum schloss er sich zur Ausarbeitung der Grenzziehung in sein Arbeitszimmer zurück und isolierte sich unter schärfsten Sicherheitsvorkehrungen von der Außenwelt. Die Ausarbeitungen Radcliffes wurden nur einen Tag vor der Unabhängigkeit beider Staaten der Öffentlichkeit präsentiert. Von da an nahm die Katastrophe ihren Lauf, denn die Grenzziehung nahm auf viele wichtige Gegebenheiten vor Ort keine Rücksicht. So wurden aus Bürgern, die sich als originäre Inder sahen, über Nacht Pakistani und sie fühlten sich dementsprechend dem falschen Staat zugeordnet. Die unüberlegten Arbeiten Radcliffes führten in der Folge zu vielen Kriegen, Katastrophen und vielen Millionen Toten. Viele Historiker sind sich jedoch einig, dass es nicht Cyril John Radcliffe war, der Schuld an diesem Debakel hatte. Vielmehr war es Mountbatten, der in der Kritik stand. Schließlich habe er Radcliffe kaum Zeit für eine sorgfältige Ausarbeitung der ohnehin extrem schwierigen Aufgabe gelassen.

Als Radcliffe bemerkte, welche Auswirkungen sein Plan hatte, brach er mit Mountbatten und verzichte auf sein Honorar für die Arbeit an der indisch-pakistanischen Grenzlinie.

Nach der Bekanntgabe der neuen Grenzen nach der Teilung Indiens kam es zu Massenfluchten. Inder, die sich als Bürger Pakistans sahen, flüchten in das neue Nachbarland und umgekehrt. Es kam erneut zu Gewalt. Während dieser Migrationsbewegungen starben über eine Million Menschen. Unter den Toten war auch Mahatma Gandhi, der am 30. Januar 1948 von einem religiösen Fanatiker erschossen wurde. Das Problem: Mit der Ausrufung der Souveränität Indiens und Pakistans am 15. August 1948 wurden alle Fürstentümer unabhängig, waren sie auch noch so klein. Die Fürsten schlossen sich entweder dem einen oder anderen Land an. Fast alle Fürstentümer wählten bis zum 17. August eine Seite, bis ins Jahr 1949 war dieser Prozess abgeschlossen. Nur Hyderabad und Kashmir verweigerten den Beitrittswillen. In Hyderabad versuchte der dortige Fürst zunächst, unabhängig weiter zu regieren – zumindest sollte dies nach außen so aussehen. In Wahrheit knüpfte der Machthaber im Stillen Kontakte nach Pakistan, obwohl die überwiegende

Mehrheit der Bevölkerung Hindus waren. Überraschend besetzten indische Truppen im September 1948 Hyderabad, das nun mit Zwang in Indien eingegliedert wurde. In Bezug auf die Verteilung der Konfession spielte sich in Kashmir der umgekehrte Fall ab. Nach Bekanntgabe der neuen Grenzziehungen eskalierte dort die Gewalt. Aufständische unter pakistanischem Kommando wollten den Anschluss Kashmirs an ihr Land erzwingen. Denn während der größte Teil der Bevölkerung Kashmirs muslimischen Glaubens war, stand an der Spitze Kashmirs ein hinduistischer Fürst. Die mögliche Annexion wurde von breiten Teilen der dortigen Bevölkerung begrüßt, die sich in der Folge den Aufständischen anschlossen. Die Soldaten des Hindu-Fürsten konnten dem Angriff nicht Herr werden. In diesem Beispiel zeigt sich nach den Massenfluchten ein weiterer katastrophaler Fehler des Mountbattenplanes. Denn nach den blutigen Aufständen rief der Hindu-Fürst das neugegründete Indien um Hilfe an, das ebenfalls Kashmir beanspruchte. Die Gewalt eskalierte und nach nicht einmal drei Monaten nach der Unabhängigkeit kam es zum ersten großen Konflikt der Nachfolgestaaten Indien und Pakistan: Dem ersten Kashmirkrieg.

Die Erfolge der Aufständischen mehrten sich, am 24. Oktober 1948 wurde der Staat „Freies Kashmir" ausgerufen. Die Intervention Indiens hatte seinen Preis. Der Hindu-Fürst musste versichern, dass nach einer erfolgreichen Niederschlagung des Aufstandes Kashmir Teil Indiens würde. Der Machthaber nahm das Angebot an und am 27. Oktober rückten indische Truppen ein. Zunächst wurde die Hauptstadt Srinagar von indischen Soldaten besetzt. Nach anfänglichen Erfolgen geriet der Feldzug der Inder zunächst ins Stocken, insbesondere aufgrund von Nachschubproblemen. Pro-pakistanische Truppen sammelten sich und organisierten sich neu. Eine stabile Front entstand und bedeutende Landgewinne der Inder blieben aus. Dennoch ist zu erwähnen, dass bis zu diesem Zeitpunkt keine regulären Truppen des Staates Pakistans an dem Konflikt beteiligt waren. Pakistan unterstützte bis dahin die Bemühungen zum Anschluss Kashmirs. Einen wirklichen Unterschied im Kriegsverlauf machte dies nicht aus: Die indischen Truppen behielten die Oberhand, aber einen „Sieger" des Krieges gab es nicht. Die Vereinten Nationen vermittelten einen Waffenstillstand zwischen den beiden Ländern, der zum 1. Januar 1949 in Kraft trat. Dies schloss eine Teilung Kashmirs mit ein. Zwei Drittel des Gebietes fielen Indien zu, der Rest ging an Pakistan. Außerdem zog die UN eine so genannte Waffenstillstandslinie, die bis heute den Status einer faktischen Grenze hat. Anerkannt wird sie jedoch weder von Pakistan noch von Indien. Etwa 8.000 Menschen verloren in dieser ersten großen Auseinandersetzung der beiden Staaten ihr Leben.

DIE REPUBLIK INDIEN

Auch wenn die Briten ihre ehemalige Kolonie bereits 1947 in die Unabhängigkeit entließen, fehlte es Indien an einer Verfassung. Erst am 29. November 1949 wurde die Republik Indien ausgerufen, die erste Verfassung trat am 26. Januar 1950 in Kraft. Präsident wurde Rajendra Prasad, Mitglied des National-kongresses und gleichnamiger Partei. Zunächst sollte Prasad dieses Amt als Interimspräsident verwalten, wurde jedoch bei den ersten Präsidentschaftswahlen 1952 als Präsident mit 83,8 Prozent der Parlamentarierstimmen bestätigt. Prasad war bis 1962 Präsident des Landes. Seine Amtszeit ist von den Bemühungen geprägt, ein besseres Bildungssystem zu etablieren. Der erste Premierminister des Landes wurde der frühere Mitstreiter Gandhis Jawaharlal Nehru. Zwischen Oktober 1951 und Februar 1952 wurden die ersten Parlamentswahlen durchgeführt. Stärkste Kraft wurde die Kongresspartei, die sich dreiviertel der Parlamentssitze sichern konnte. In den 1950er Jahren verschwanden die letzten Überbleibsel der Kolonialherrschaft, dennoch blieb Indien ein Mitglied des Commonwealth. Auch die Franzosen und Portugiesen hatten zu diesem Zeitpunkt noch

Stützpunkte in Indien, die nach und nach geräumt wurden. Während die Franzosen das Land mehr oder minder freiwillig verließen, wurden die Portugiesen unter militärischem Einsatz vertrieben und deren Außenposten, wie zum Beispiel Goa, annektiert. Im Inneren wurden Reformen angestrebt und neue Bundesstaaten gebildet. Außenpolitisch hielt Indien engen Kontakt zur damaligen Sowjetunion. Nach deren Vorbild wurde eine Planwirtschaft installiert und die Industrialisierung wurde durch Premierminister Nehru vorangetrieben. Marktwirtschaftlich verfolgte das Land einen Kurs der Abschottung. Hohe Zölle führten zur weitestgehenden Isolation vom Weltmarkt.

Im Jahr 1959 wuchsen die Spannungen zu China, dem Nachbarn Indiens im Norden und Osten. Zu Beginn der Unabhängigkeit waren die Beziehungen beider Staaten recht freundlich. Das Verhältnis beider Staaten wurde durch Grenzstreitigkeiten aber immer weiter strapaziert. Die Briten zogen in Absprache mit Tibet einst die Grenze zwischen China und der damaligen Kolonie Indien, die sogenannte McMahon-Linie. Die Linie verläuft über den Himalaya von Bhutan bis zum Bogen des Flusses Brahmaputra im Osten. China akzeptierte diese Grenzziehung nicht. Zusätzliche Spannung kam auf, als Indien dem in China verfolgten Dalai Lama Asyl gewährte und dieser auf indischem Staatsgebiet eine Exilregierung Tibets gründete.

Die aufgeheizte Situation eskalierte und der Indisch-Chinesische Grenzkrieg begann. Ohne eine Kriegserklärung überschritten chinesische Soldaten am 20.Oktober 1962 die McMahon-Linie im nördlichen und östlichen Teil Indiens. Die indischen Truppen fokussierten sich dabei auf den Angriff im Norden und waren von der Invasion im Osten völlig überrascht. Eine Gegenwehr war kaum möglich. Siegesgewiss rief China zum 21. November einen Waffenstillstand aus. Indien äußerte sich nicht dazu, ließ aber die Waffen ebenfalls ruhen. Dies kam einer Niederlage Indiens gleich, auch wenn sich nach dem Krieg kaum etwas an der Grenzziehung zwischen beiden Staaten änderte. 2.000 Menschen verloren bei diesem Konflikt ihr Leben. Der Konflikt zwischen China und Indien schwelt – trotz einiger Annäherungen, wie Gespräche über die Grenzen und Handelsabkommen – bis heute. Noch im Juni 2020 kam es zu Auseinandersetzungen an der Grenze, bei denen 20 indische Soldaten ihr Leben ließen.

1962 wurde mit Sarvepalli Radhakrishnan ein neuer Präsident gewählt. Radhakrishnan gilt als bedeutender Philosoph und Wegbereiter des Neohinduismus. Amtsinhaber Prasad trat aus gesundheitlichen Gründen nicht mehr erneut an und starb am 28. Februar 1963. Premierminister Nehru starb 1964, sein Nachfolger wurde Lal Bahadur Shastri, der ebenfalls ein langjähriger Mitstreiter Mahatma Gandhis im Kampf um die Unabhängigkeit war. Im August 1965 brach der Zweite Indisch-Pakistanische Krieg aus. Erneut ging es um die Kashmir-Frage, ein Problem, das seit dem ersten Krieg im Jahr 1947 beständig zwischen beiden Parteien schwelte. Pakistan sah sich gegenüber Indien als überlegen an. Das Land hatte in den Vorjahren militärisch aufgerüstet und wurde mit Waffenlieferungen aus den USA unterstützt. Während des Krieges wurden beide Parteien mit Waffen aus US-amerikanischer Herstellung beliefert. Eine zusätzliche Schwächung Indiens wurde durch die Niederlage im Krieg mit China vermutet. Somit schien aus pakistanischer Sicht die Zeit günstig, Kashmir, das zu diesem Zeitpunkt unter der Bezeichnung Jammu und Kashmir ein indischer Bundesstaat war, in das eigene Staatsgebiet zu integrieren. Dem eigentlichen Krieg gingen Grenzkonflikte im Rann von Kachchh, einem

Sumpfgebiet an der Südgrenze Indiens und Pakistans voraus. In dem etwa 28.000 Quadratkilometer weiten und praktisch unbewohnten Gebiet wurden zwar Vorkommen von Erdöl vermutet, es galt jedoch als wirtschaftlich unwichtig. Zwischen Grenztruppen kam es zunächst zu einzelnen Feuergefechten, die sich seit April 1965 zu einem massiven Konflikt ausweiteten. Pakistan behielt die Oberhand bei diesem lokalen Kleinkrieg. Unter der Vermittlung von Großbritannien wurde ein Waffenstillstand für den 1. Juli festgelegt. Auch die Grenzen wurden minimal verzogen. 900 Quadratkilometer des ursprünglich indischen Teils des Ranns von Kachchh wurde Pakistan zugesprochen. Für die pakistanische Seite galt dies als schlechter Handel, da ursprünglich 3500 Quadratkilometer eingefordert wurden. Dieser regionale Konflikt galt jedoch als Nebenkriegsschauplatz. Der Konflikt im Kashmir selbst wurde zunächst ohne den Einsatz offizieller Truppen angeheizt. Pakistan schleuste Aufrührer in den Bundesstaat Jammu und Kashmir, um dort die muslimische Bevölkerung zu einem Aufstand anzustacheln. Anfang August kam es zu ersten gewaltsamen Auseinandersetzungen zwischen Aufständischen und indischen Polizeikräften. Da die Revolte aus indischer Seite eindeutig von Pakistan organisiert war, setzten sich die indischen Truppen in Bewegung und überquerten die Waffenstillstandslinie (faktisch die Grenze), um den pakistanischen Teil Kashmirs zu besetzen. Dies blieb der einzige Erfolg der indischen Truppen in diesem Gebiet. Durch eine massive Unterschätzung der pakistanischen Militärmacht musste Indien schwerste Verluste hinnehmen. Zu dieser Niederlage taten massive strategische Fehler in der Aufklärung ihr Übriges. So wurden ganze Artillerieverbände der pakistanischen Armee schlicht übersehen. Der Krieg breitete sich einen Monat später auch auf Punjab aus. Als Reaktion auf die militärischen Erfolge Pakistans in Kashmir überquerten indische Truppen die indisch-pakistanische Grenze in einer groß anlegten Offensive. Ziel war es, die landwirtschaftlich bedeutsame Punjab-Ebene zu besetzen. Wichtiger war jedoch die Offensive auf Lahore, die bis heute zweitgrößte Stadt Pakistans, gemessen an den Einwohnerzahlen. Pakistan suchte um internationalen Beistand und fand diesen bei den Vereinigten Staaten und China, die nun ihrerseits Indien mit Krieg drohten. Beide Staaten unterhielten freundschaftliche Beziehungen zu Pakistan. Eine echte Bedrohung ging hier besonders von China aus, während die USA an einer weiteren Eskalation kaum Interesse hatte. Eine Involvierung Chinas hätte den

Konflikt in der gesamten Region ausgeweitet und ungeahnte Auswirkungen für die Bevölkerung wären die Folge gewesen. Mit Unterstützung der USA und der Sowjetunion bemühten sich die Vereinten Nationen um eine Beilegung des Konflikts. Währenddessen liefen die Gefechte weiter. Am 16. September kam es zur Schlacht bei Chawinda, die fast eine Woche dauerte und das größte Panzergefecht seit dem Zweiten Weltkrieg darstellte. Etwa 200 Panzer kamen auf beiden Seiten zum Einsatz und die Verluste waren massiv. Generell lief es auf ein Unentschieden hinaus. Zwar war Pakistan technisch den Indern überlegen, die diesen Nachteil aber durch ihre Truppenstärke wieder ausgleichen konnten. Derweil wurde ein möglicher Kriegseintritt der Volksrepublik China immer wahrscheinlicher und der Sicherheitsrat der UN drängte auf einen Waffenstillstand, den beide Konfliktparteien annahmen. Am 23. September herrschte wieder Frieden in Kashmir. An der Grenzziehung hatte sich durch den Zweiten Indisch-Pakistanischen Krieg nichts geändert: Die Gebietsgewinne wurden auf einer von der Sowjetunion moderierten Konferenz annulliert, so auch im Kashmir. Das Gebiet blieb weiterhin von beiden Seiten beansprucht und die Grenzen des Vorkriegszustandes wieder hergestellt – der Konflikt wurde also nicht gelöst. Immerhin herrschte zunächst Frieden und die Truppen beider Parteien waren bis Februar 1966 vollständig abgezogen. Bereits im Vormonat verstarb der Premierminister Lal Bahadur Shastri, seine Nachfolgerin wurde Indira Gandhi, die Tochter von Jawaharlal Nehru. Die Namensgleichheit zu Mahatma Gandhi ist dabei rein zufällig, es bestanden keinerlei verwandtschaftliche Beziehungen. Die Premierministerin war nicht frei von Kritik. Insbesondere eckte sie mit den alten Eliten innerhalb der Kongresspartei an. Gründe für diese Konflikte waren insbesondere die Verstaatlichung der indischen Großbanken sowie die Streichung der Pensionszahlungen ehemaliger Fürsten. Die Spannung innerhalb der Partei war derart angespannt, dass eine Spaltung unausweichlich war. Der größere Teil der Kongresspartei stand geschlossen hinter Indira Gandhi, der kleinere Part firmierte seither unter der Bezeichnung Congress O, (Das „O" steht für „Organisation" und wurde später Teil der neugegründeten Janata Partei.) Der abtrünnige Parteiflügel stellte für Gandhi keine Bedrohung dar. Bei der Parlamentswahl 1971 konnte sie die überwältigende Mehrheit der Stimmen auf ihre Person vereinen. In Indira Gandhis Amtszeit fiel der Dritte Indisch-Pakistanische Krieg. Der

Auseinandersetzung lag zunächst ein innenpolitischer Konflikt Pakistans zu Grunde. Als es in den Jahren 1970 und 1971 zu Wahlen in Ostpakistan (östlich von Indien) kam, errang dort die sogenannte Awami-Liga einen großen Sieg – sehr zum Ärgernis des Militärregimes, das im westlichen Teil des Landes herrschte, das ebenfalls westlich von Indien lag und durch das Erstarken der oppositionellen Liga seine Macht gefährdet sah. Kurzum akzeptierte das Militärregime das Wahlergebnis nicht, was die Bestrebungen zum Erreichen der Unabhängigkeit weiter antrieb. Westpakistanische Kräfte konnten zwar einen Anführer der Awami-Liga festnehmen, der Rest der Führungsspitze floh nach Indien ins Exil und rief dort die Unabhängigkeit der pakistanischen Provinz Bangladesch aus. Eine Unabhängigkeit der Provinz lag erheblich im Interesse Indiens. Denn das Land lag zwischen West- und Ostpakistan und im Falle eines Krieges konnte so einem Krieg an zwei Fronten entgangen werden.

Zur gleichen Zeit litten die Menschen in Westpakistan unter den Folgen eines verheerenden Zyklons, der das Land im November 1970 mit aller Härte traf. Bis zu einer halben Millionen Menschen kamen zu Tode. In Folge des sich anbahnenden Bangladesh-Konflikts schloss Indien die Grenzen zum westlichen Pakistan. Hilfsgüter kamen nicht mehr an. Dies führte zu massenhafter Migration, der Flüchtlingsstrom von Westpakistan nach Indien schwoll auf 10 Millionen Menschen an. In Ostpakistan beteiligte sich Indien an der Ausbildung von Guerilla-Kämpfern und schickte eigene Paramilitärs zur Unterstützung der Separatisten ins Land. Dies hatte eine maßgebliche Verschärfung des Konfliktes zur Folge. Pakistan reagierte Anfang Dezember mit einem massiven Luftschlag und Bombardements von Einrichtungen auf indischem Staatsgebiet. Auch zur See wurde der Konflikt ausgetragen, ein indisches Kriegsschiff wurde durch ein U-Boot versenkt. Am 16. Dezember endete der Krieg in Ostpakistan als die Westpakistanischen Truppen kapitulierten. In Westpakistan wurde der Krieg einen Tag später beendet. Als direkte Folge trat die Militärregierung Pakistans zurück und Bangladesh wurde unabhängig. Der Konflikt regelte somit die Machtstrukturen in der Region neu. Dennoch bleibt der Dritte Indisch-Pakistanische Krieg nicht durch die militärischen Aktionen im Bewusstsein. Im Rahmen des Konfliktes verübten pakistanische Soldaten in Ostpakistan grausamste Verbrechen an der Zivilbevölkerung Bangladeschs, darunter Massenexekutionen und Massenvergewaltigungen. Historiker vermuten, dass etwa 200.000 Frauen missbraucht wurden. Insgesamt ist von bis zu 3 Millionen Todesopfern die Rede. Noch Jahrzehnte später wurden Leichen in Massengräbern entdeckt.

Zu Ruhe kam es auch nach dem Waffenstillstand nicht. Im Jahre 1974 startete Indien sein Atomprogramm und zündete unterirdisch eine erste Atombombe, dies führte erneut zu Spannungen zwischen den Nachbarn.

EXKURS: OPERATION SMILING BUDDHA

Der erste Test einer Atombombe aus indischer Produktion fand am 18. Mai 1974 statt und trug den Tarnname Smiling Buddha, also „Lächelnder Buddha". Name und Zeitpunkt waren exakt gewählt. Die Operation fiel auf den Tag des Vesakhfestes, dem höchsten buddhistischen Feiertag. Die Bombe wurde unterirdisch in Rajasthan gezündet und hatte die Sprengkraft von 8 Kilotonnen TNT: Pakistan reagierte erzürnt über den Test. Die pakistanische Führung sah den Test als Drohgebärde an. Ein anberaumtes Treffen über die künftige, friedliche Zukunft beider Länder wurde kurzerhand abgesagt. Historiker sind sich sicher, dass die Zündung der ersten indischen

Atombombe die Entwicklung einer pakistanischen Bombe massiv beschleunigte. Es entstand somit ein regionales, atomares Wettrüsten inklusive der Eigenschaften eines kalten Krieges.

Trotz dieser Demonstration der Macht nach außen war die Folgezeit geprägt von massiven inneren Unruhen und Streitigkeiten. Die Stimmung innerhalb der Bevölkerung war schlecht, es wurden soziale Reformen gefordert. Überall brachen Aufstände aus, die Indira Gandhi dazu veranlasste, 1975 den nationalen Notstand auszurufen. Dieser Zustand bedeutete einen gravierenden Einschnitt der demokratischen Grundrechte der Bevölkerung und die Premierministerin regierte fast zwei Jahre lang das Land als Diktatorin. Im März 1977 sollten demokratische Wahlen stattfinden, die die Premierministerin im Amt bestätigten. Doch die herrschende Kongresspartei erzielte ein desaströses Wahlergebnis und wurde von der relativ neuen Janata Party abgelöst, die fortan die Regierung stellte. Lange währte dieser Zustand nicht. Aufgrund innerer Zerwürfnisse zerfiel die Regierung und bereits im Januar 1980 fanden neue Wahlen statt. Bei den vorgezogenen Wahlen konnte sich wieder die

Kongresspartei durchsetzen: Indira Gandhi wurde erneut Premierministerin.

Im Punjab kam es am 19. Juli 1982 zu einer Revolte der Sikhs, einer religiösen Minderheit. Ziel der Aufständischen war es, einen eigenen Staat auszurufen. Für die Premierministerin war die Lage nur schwerlich zu bewältigen. Im Juni 1984 erfolgte so eine Anordnung mit Symbolkraft. Gandhi ließ den Goldenen Tempel in Amritsar, das höchste Heiligtum des Sikhismus, von Soldaten stürmen. In der Tempelanlage wurden Sikh-Rebellen vermutet. Für Indira Gandhi hatte dieser Akt fatale Folgen. Als Leibwächter standen ebenfalls Sikhs in ihren Diensten. Zwei der Personenschützer richteten sich nach der Stürmung des Tempels gegen sie – Indira Gandhi wurde am 31. Oktober 1984 von ihnen umgebracht. Dies wiederum löste einen Sturm der Entrüstung unter den Anhängern Gandhis aus. Überall kam es zu Ausschreitungen gegenüber Sikhs.

Indiras Sohn, Rajiv Gandhi, wurde von führenden Politikern der Kongresspartei als Nachfolger im Amt des Premierministers vorgeschlagen. In der Parlamentswahl im Dezember 1984 gelang der Kongresspartei ein überwältigender Sieg und Gandhi wurde neuer Premier. Im Ausland war der neue Premierminister, der als liberaler Politiker und ausgezeichneter Diplomat galt, durchaus beliebt. Er führte mit Pakistan Gespräche zur Stabilisierung des Friedens in der Region und knüpfte engere Verbindungen zur Volksrepublik China. Während seiner Regentschaft kam es zu verschiedenen Auslandseinsätzen der indischen Armee, so zum Beispiel auf den Malediven und Sri Lanka. Bei der eigenen Bevölkerung war Rajiv Gandhi nicht allzu beliebt. Er galt als unstet, wankelmütig und jemand, der nicht zu seinen eigenen Versprechen steht. Hinzu kamen massive Vorwürfe der Korruption und Skandale um Rajiv machten die Runde. Bei Veranstaltungen während seines Wahlkampfes im Jahre 1987 wurde er körperlich angegriffen. Ein Wachmann versetzte Rajiv einen Schlag mit seinem Gewehrkolben, den der Premierminister aber unbeschadet überstand. 1991 wurde er von einer Selbstmordattentäterin, einem Mitglied der LTTE, einer paramilitärischen Organisation, die das Ziel eines unabhängigen Sri Lankas verfolgte, nahe der Stadt Madras ermordet. Insgesamt starben 18 Menschen bei dem Anschlag. Zu diesem Zeitpunkt war Rajiv Gandhi bereits nicht mehr Premierminister. Er wurde schon 1989, nachdem er das Vertrauen seiner Wähler bereits weitläufig verloren hatte, nicht mehr im Amt bestätigt und von Vishwanath Pratab Singh von der kurz vorher gegründeten Partei Janata Dal abgelöst. Singh war nicht in der Lage, eine stabile Regierung zu etablieren. Schon 1991 mussten vorgezogene Neuwahlen durchgeführt werden. Sieger der Wahl war Pamulaparthi Venkata Narasimha Rao von der Kongresspartei, die wieder die Regierungsgeschäfte übernahm, dies jedoch mit einer Minderheitsregierung. Bis 1996 blieb Rao an der Macht und veranlasste verschiedene marktwirtschaftliche Reformen. Zur Ruhe fand das Land jedoch nicht. Im Bundesstaat Jammu und Kashmir, dass sich seit Jahren im Ausnahmezustand befand, flammten erneute Konflikte auf. Afghanische Radikale drangen über die Grenze nach Kashmir und wollten die dortige muslimische Mehrheit gegen Hindus aufhetzten. Der umgekehrte Fall fand in Indien selbst statt: Ultramilitante Hindus zerstörten eine bedeutende Moschee in der Stadt Ayodhya im Bundesstaat Uttar Pradesh. Unter diesen Umständen kam es 1996 zur nächsten Wahl. Einen klaren Sieger gab es nicht und verschiedene Regierungskoalitionen wechselten sich ab. 1997 wurde Kocheril Raman Narayanan Präsident, der das Amt bis 2002 bekleidete. Neuwahlen der Regierung fanden 1998 und 1999 statt.

Erst 1999 etablierte sich eine taugliche Koalition aus einer Vielzahl verschiedener Parteien mit Atal Bihari Vajpayee als Premierminister. Vajpayee war Mitglied der BJP, der Bharatya Janata Party, einer rechtskonservativen Partei. In der Folge spitzte sich der ohnehin stets schwelende Konflikt mit dem Nachbarn Pakistan wieder zu. Gegenstand der erneuten Auseinandersetzung war wieder einmal Kashmir.

Als vierter Indisch-Pakistanischer Krieg wird der Konflikt in der Literatur eher selten tituliert. Denn eine offizielle Kriegserklärung wurde nicht ausgesprochen. Deshalb ist öfters vom Kargil-Krieg die Rede. Eigentlich gab es zu diesem Zeitpunkt die Bemühung, die Kashmir-Frage endgültig zu lösen. Die Absichten, den Konflikt beizulegen, wurde von beiden Parteien in der Deklaration von Lahore festgehalten. Doch zeitgleich zur Unterzeichnung überquerten bewaffnete Pakistani die immer noch gültigeWaffenstillstandslinie. Dies geschah im Distrikt Kargil im Norden des indischen Bundesstaates Jammu und Kashmir. Dort unterhält die indische Armee auf 160 Kilometern zahlreiche Stellungen, die sie im Winter üblicherweise aufgrund der herausfordernden klimatischen Begebenheiten verlässt. Damals, im Januar, waren diese Posten folglich unbesetzt und wurden von bewaffneten Männern aus Pakistan eingenommen. Dies waren zunächst keine offiziellen Truppen. Doch bis spätestens Mai rückten auch reguläre pakistanische Soldaten nach Kargil nach. Entdeckt wurde dies durch die indische Armee erst zu diesem Zeitpunkt, also im Mai. Aufklärer zählten bis zu 900 Kämpfer, darunter auch jene regulären Truppen, was von Seiten der pakistanischen Regierung jedoch vehement dementiert wurde. Das pakistanische Kriegsgerät, das nun in Kargil eingetroffen war, zeugte jedoch von einer Beteiligung regulärer Soldaten. Herangeschafft wurde spezielle Ausrüstung für hohe Gebirge sowie Artillerie, Flugabwehrkanonen und Mörser. Indien antwortete mit einem zügigen Aufmarsch der Truppen in dieser Region bis zum 26. Mai. Mit der Operation Vijai leitete die indische Militärführung die Offensive am Boden und in der Luft ein. Letztere zeigte sich als praktisch nutzlos. Die wesentlich besser ausgerüsteten pakistanischen Truppen schossen ein Kampfflugzeug sowie einen Hubschrauber ab. Durch das unwegsame Terrain konnten die Inder zudem kaum Land gewinnen. Die Gebirgszüge des Kargil verschafften den pakistanischen Truppen eine hervorragende Verteidigungsposition. Im Fokus der indischen Bemühungen stand die Sicherung des Highways von Leh nach Srinagar. Die Autobahn war das Aufmarschgebiet der indischen Armee, die dort jedoch unter starkes Artilleriefeuer gesetzt wurde. Dementsprechend sollten zunächst die umliegenden Stellungen ausgeschaltet werden. Dies gelang: Die pakistanischen Truppen wurden ins Hinterland zurückgedrängt. Von einer Verfolgung ihrer Gegner sah die indische Militärführung bewusst ab. Dies hätte eine Überschreitung der Waffenstillstandslinie und somit einen offenen Konflikt zur Folge gehabt. Langsam aber stetig errangen die indischen Truppen die Oberhand. Die besetzten Stellungen im Kargil wurden bis Juli 1999 durch Indien zurückerobert. Eine besondere Position kam in diesem Konflikt dem ehemaligen US-Präsidenten Bill Clinton zu teil. Im Gespräch mit Nawaz Sharif, dem pakistanischen Premierminister, kündigte dieser an, seine Truppen aus Kargil zurückzuziehen. Doch zuvor wurde stets behauptet, dass reguläre Soldaten überhaupt nicht im Einsatz gewesen wären. Eine direkte Beteiligung wurde somit zwischen den Zeilen zugegeben, während Sharif die kämpfenden Pakistani nur als „Freiheitskämpfer“ umschrieb und sich somit von dem Einsatz eigener Truppen distanzierte. Eine weitere Eskalation hatte dieses „Geständnis“ nicht zur Folge und die Kampfhandlungen wurden am 14. Juli eingestellt. Indien ist als Sieger im Kargil-Konflikt zu betrachten. Die Frage um den Status von Kashmir wurde erneut nicht entschieden. Nach der Auseinandersetzung fielen die Grenzen auf den Stand vor des Krieges zurück. Die Opferzahlen betrugen auf pakistanischer Seite etwa 5.000 Mann, während höchstens 600 indische Soldaten fielen. In indischen Medien wurde der Ausgang des Konfliktes geradezu übertrieben gefeiert. Premierminister Vajpayee gewann in dieser patriotisch aufgeladenen Stimmung neue Sympathien. Langfristig betrachtet, hatte der Kargil-Konflikt eine Annäherung von Indien an die USA zur Folge. Pakistan, das durch die Besetzung der Gebirgsstellungen Indiens den Konflikt auslöste, wurde von der Staatengemeinschaft eher abgeschottet. Eine Ausnahme stellte China dar, einem wichtigen Partner Pakistans, das in der Folge des Kampfes um Kargil seine Truppen an der chinesisch-indischen Grenze zusammenzog. Grundsätzlich herrschte in der indischen Öffentlichkeit die vorherrschende Meinung, stetig zur regionalen Großmacht heranzureifen. Um diesen Anspruch zu festigen, wurden unter Vajpayee erneut mehrere Tests von Atombomben durchgeführt. Davon unbeeindruckt unterstützte die pakistanische Regierung muslimische Rebellen in Kashmir. 2002 und 2003 standen die Länder erneut kurz vor einer militärischen Eskalation. Gleichzeitig wurde eine zunehmend feindliche Stimmung gegenüber den Muslimen in Indien festgestellt. 2002 kam es in Gujarat, einem Bundesstaat im Westen Indiens, zu Ausschreitungen gegenüber den dort lebenden Muslimen durch militante Hindus. Die regierende Bharatiya Janata Party mit Premier Vajpayee geriet in die Kritik, die Gewalt zu zaghaft zu bekämpfen. Dies brachte der BJP massive Kritik ein, besonders gemäßigte Hindus übten Kritik an der Regierung. Möglicherweise war dies ein Grund, dass die BJP die Macht nicht dauerhaft halten konnte. Die damals oppositionelle Kongresspartei erzielte bei den Wahlen von 2004 das stärkste Ergebnis. Die Präsidentin der Kongresspartei und Witwe von Rajiv Gandhi wäre faktisch zur Premierministerin gewählt worden, verzichtete jedoch auf den Posten. Stattdessen wurde die Macht an den Sikh Manmohan Singh übertragen. Seit dieser Zeit ist Indien von einem wirtschaftlichen Aufschwung geprägt. Das Bruttoinlandsprodukt wuchs durchschnittlich um 7,5 Prozent pro Jahr. Erklärtes Ziel Singhs war eine Anhebung des

Lebensstandards der indischen Bevölkerung und eine Annäherung an den Erzfeind Pakistan.

EXKURS: DIE CRICKET-DIPLOMATIE

Die Staaten Indien und Pakistan verbindet außer der britischen Kolonialvergangenheit nicht viel. Religiöse Unterschiede und Grenzstreitigkeiten bestimmen das Verhältnis der Nachbarn. Doch gibt es eine Leidenschaft, die die Bürger beider Nationen verbindet: Das Cricket. Das etwas langatmige Spiel mit Schläger und Ball ist ein Überbleibsel der Kolonialzeit und wird nach wie vor heiß geliebt. Pakistan und Indien stellen jeweils sehr gute Nationalteams. Diese Gemeinsamkeit machte sich der indische Premier Singh zu Nutzen. Fanden Staatsbesuche statt, wurden in diesem Rahmen oft Cricketspiele organisiert. Eine gemeinsame Leidenschaft sollte die Tür für weitere Gespräche einer friedlichen Koexistenz öffnen und ein wenig Druck von den angespannten Gipfeltreffen nehmen. Das funktionierte: Ab 2005 konnten kleine Annäherungen zwischen den Ländern verzeichnet werden.

Bei den Wahlen im Jahre 2009 wurde Singh erneut gewählt. Auch wenn Singh das Land in gewissen

Aspekten voranbrachte, blieb er von Kritik nicht verschont. Immer wieder flammten massive Vorwürfe der Korruption auf, insbesondere in seiner zweiten Amtszeit. 2014 und im Alter von 81 Jahren zog sich Singh aus der Politik zurück und machte den Weg für Narendra Modi frei, Politiker der Bharatya Janata Party. In der Geschichte Indiens war Modi kein Unbekannter. 2002 war er Regierungschef („Chief Minister") des Bundesstaats Gujarat. In diesem Jahr kam es dort zu schweren Ausschreitungen zwischen Hindus und Muslimen. Zuvor kam es zu einem Brand eines Zuges, der vollbesetzt mit hinduistischen Pilgern war. Ob der Auslöser ein Anschlag oder ein Unfall war, konnte bis heute nicht hinreichend geklärt werden. Für militante Hindus stand fest, dass es sich um einen terroristischen Anschlag, der durch gewaltbereite Muslime durchgeführt wurde, handelte. Aus Rache griffen Hindus wahllos Muslime an, es kam zu Vergewaltigungen und Pogromen. Etwa 2.000 Menschen fanden den Tod. Der Chief Minister reagierte scheinbar kaum auf diese Gräueltaten. Dies brachte ihm Kritik ein. Die USA sahen in Modi einen Hauptverantwortlichen für die zahlreichen Todesopfer und verwehrten ihm die Einreise. Auch in Indien selbst wurde Modi stark kritisiert. Im Jahre 2009 befasste sich der indische Oberste Gerichtshof mit dem Massaker und fand keine Hinweise, die eine Mitschuld Modis belegten. Als offizielle Ursache des Zugunglücks wurde Brandstiftung festgestellt. Seine Haltung zu Menschen muslimischen Glaubens wird bis heute vielfach kontrovers betrachtet. Gegenstand der Kritik ist eine Entscheidung Modis aus dem Jahre 2019, die Geflüchteten aus dem Nahen Osten bzw. Pakistan erlaubte, in Indien eingebürgert zu werden. Dies galt für Hindus, Christen, Sikhs, Buddhisten und weitere, aber ausdrücklich nicht für Muslime, was massive Proteste der indischen Muslime zu Folge hatte.

Zwar blieb das Land von Kriegen in den letzten Jahren verschont, litt aber umso mehr an Naturkatastrophen. Der Tsunami, der am 26. Dezember 2004 durch ein Seebeben mit Epizentrum im indischen Ozean ausgelöst wurde, kostete je nach Quelle zwischen 12.700 und 16.000 Menschen das Leben. Im Jahr 2019 hatte das Land mit einer heftigen Hitzewelle zu kämpfen.

Als Premierminister verfolgt Modi das Ziel, das Land wirtschaftlich weiter fit zu machen. Um den Standort Indien auch für ausländische Investoren attraktiver zu gestalten, fanden Steuersenkungen statt. Die Verwaltungsstrukturen wurden reformiert, um bürokratische

Hürden so gering wie möglich zu halten. Ein wichtiges Thema auf Modis Agenda ist die Digitalisierung. Die Budgets für andere Bereiche wurden hingegen massiv gekürzt, insbesondere im Umweltschutz und im Gesundheitswesen. Auch die Höhe der Renten wurde reduziert. Seit dem Amtsantritt Modis ist eine Verschlechterung der Beziehungen zu Pakistan zu erkennen. Der indische Premier warf der Pakistanischen Regierung mehrfach vor, ein Unterstützer des islamischen Terrors zu sein. Eine weitere Annäherung hingegen fand zu dem Nachbarland Bangladesh und zu Israel statt. Der Bundesstaat Jammu und Kashmir wurde aufgeteilt. Bis dahin hatte der Bundesstaat einen Sonderstatus, der zunächst aufgehoben wurde, bis das Gebiet in die Unionsterritorien Jammu und Kashmir sowie Ladakh aufgingen. Als dieser Schritt am 31. Oktober 2019 vollzogen wurde, hagelte es Kritik seitens der pakistanischen Regierung, die ihrerseits noch immer Gebietsansprüche an den Kashmir hegt.

- Kapitel 2 -

DIE REPUBLIK INDIEN IM ÜBERBLICK

Indien ist mit einer Einwohnerzahl von 1,393 Milliarden Menschen (Stand: Mai 2020) nach der Volksrepublik China mit etwa 1,4 Milliarden Einwohnern das zweitbevölkerungsreichste Land der Erde. Nach aktuellen Hochrechnungen wird Indien die Chinesen aber in den kommenden Jahren als bevölkerungsreichstes Land ablösen. Gleichzeitig ist Indien die bevölkerungsreichste Demokratie. Die Fläche Indiens beträgt 3.287.263 Quadratkilometer. Somit ist Indien der siebtgrößte Staat der Welt. Das Staatsgebiet ist von zwei natürlichen Grenzen umrahmt: Dem Himalaya im Norden und dem indischen Ozean im Süden. Die sechs Nachbarn Indiens sind Bangladesh, Myanmar, Bhutan, Nepal, Tibet (Autonomes Gebiet der Volksrepublik China) und Pakistan. Weitere Nachbarn, die im indischen Ozean liegen sind Sri Lanka und die Malediven. Die längste Grenze teilt sich das Land mit Bangladesh (4.053 Kilometer), die Kürzeste mit Bhutan (605 Kilometer).

Die Gesamtlänge der Grenzen beträgt 14.103 Kilometer. Die Ausdehnung des Landes beträgt von Nord bis Süd in der Maximalen 3.200 Kilometer, von West nach Ost sind es 3.000 Kilometer. Zum indischen Staatsgebiet gehören außerdem verschiedene vorgelagerte Inselgruppen: Die Lakkadiven, die Amindiven, die Andamanen, die Nikobaren sowie die Insel Minicoy. Der Kangchendzönga ist mit einer Höhe von 8.586 Metern der dritthöchste Berg der Erde. Bis 1852 wurde er in der Literatur als der höchste Berg betrachtet. Zahlreiche Flüsse durchfließen das Land. Besonders wichtige Ströme sind der Ganges, der Brahmaputra und der Indus, von dessen Namen sich auch die Bezeichnung Indien ableitet. Weitere wichtige Flüsse sind der Yamuna, der Gomti und der Chambal.

DAS POLITISCHE SYSTEM INDIENS

Gemäß Verfassung ist Indien eine parlamentarisch-demokratische Republik mit bundesstaatlicher Ausrichtung. Die Verfassung wurde am 26. November 1949 verabschiedet und trat am 26. Januar 1950 in Kraft. Die Verfassung gliedert sich in eine Präambel, einen Hauptteil sowie insgesamt zwölf Anhänge. Die Präambel sichert den Bürgern folgende Ideale zu: Soziale, politische wirtschaftliche Gerechtigkeit, freie Meinungsäußerung, die Freiheit der Gedanken, Glaubens- und Bekenntnisfreiheit und die Freiheit der Religionsausübung. Weitere wichtige Punkte sind die Chancengleichheit und (politische) Gleichberechtigung.

Im Grundrechtekatalog spiegelt sich das Selbstverständnis des Staates wider, der sich als „souverän, sozialistisch, säkular und demokratisch" versteht. Der Zusatz sozialistisch wurde der Präambel nachträglich im Jahr 1976 hinzugefügt und unterstreicht den Anspruch auf eine sozialpolitische Ausrichtung des Staates.

Die Präambel definiert die Grundrechte der indischen Bevölkerung und umschließt Freiheitsrechte, den Schutz vor Ausbeutung, Religionsfreiheit, Minderheitenschutz und das Recht auf Verfassungsbeschwerden. Seit der Verabschiedung der Verfassung wurde die Präambel modifiziert. So wurde der Unterpunkt, der den indischen Bürgern ein Recht auf Eigentum definiert, im Jahre 1978 entfernt. Bis heute sorgt die Streichung für kontroverse Debatten.

Der Katalog der Grundrechte als solches bezieht sich in manchen Teilen auf die britische Kolonialzeit. Rechte, die einst ausschließlich den Gouverneuren vorbehalten blieben, fanden Einzug in die Verfassung. Somit sind Anleihen an eine Präsidentialverfassung vorhanden. Gemäß britischem Vorbild trägt der Premierminister die Regierungsgewalt. Dem Präsidenten fallen überwiegend repräsentative Aufgaben zu. Die Befugnisse des Präsidenten sind indes begrenzt, ohne Rücksprache mit dem Premier und dem Ministerrat ist er nicht zum Handeln befugt. In ihren Grundzügen ist die indische Verfassung teilweise mit der französischen vergleichbar.

In den Grundrechten sind außerdem die allgemeinen Menschenrechte verankert, wie beispielsweise die

Gleichheit vor dem Gesetz und die Nichtdiskriminierung von Menschen anderer Religionen, Geschlechter, Herkunft und Rassen sowie Kasten verankert. Wichtig ist die Abschaffung des Konzeptes der sogenannten Unberührbarkeit, einer Besonderheit des indischen Kastensystems. Die Diskriminierung der Angehörigen der Kaste der „Unberührbaren“ (s. Kapitel „Das Kastensystem in Indien“) wurde unter Strafe gestellt.

Die Gewalten in Indien sind getrennt, bestehend aus einer Legislative, Judikative und Exekutive. Oberhaupt des Staates sowie Kommandeur der Streitkräfte ist der Präsident, der gleichzeitig den Premierminister und – mit dessen Zustimmung – den Ministerrat ernennt. Um als Premier ernannt zu werden, muss der Kandidat Anführer jener Partei (bzw. eines Parteienbündnisses) sein, die bei den jüngsten Wahlen eine absolute Mehrheit im Unterhaus erringen konnte. Dabei muss der designierte Premierminister nicht unbedingt einen Sitz im Unterhaus haben, sondern kann auch „nur“ Abgeordneter im indischen Oberhaus sein.

Um das Amt des Präsidenten anstreben zu können, gibt es nur wenige formelle Hürden, die bewältigt werden müssen. Der Präsident Indiens muss mindestens 35 Jahre alt sein und die indische Staatsbürgerschaft besitzen und kann wiedergewählt werden. Der Präsident ist oberster Repräsentant der Exekutive. Sein Stellvertreter ist der Vizepräsident, der im Todesfall die Amtsgeschäfte übernimmt, bis ein neuer Präsident gewählt wird. Kommt es zu einer Verletzung der Verfassung, kann der Präsident durch eine Zweidrittelmehrheit aus seinem Amt enthoben werden. Der eigentliche Regierungschef ist der Premierminister. Verfassungsgemäß ist der Premier dem Präsidenten unterstellt. Reell betrachtet ist es jedoch der Premierminister, der die wichtigsten politischen Entscheidungen zu treffen hat. Die Verfassung gibt zwar vor, dass er den Präsidenten zu beraten habe; de facto wird die politische Entscheidung aber von ihm bestimmt.

Der Premierminister ist der Vorsitzende des Ministerrates, dem Kabinett der Regierung. Die Minister unterscheiden sich in verschiedenen Rängen: Kabinettsminister, die ein Ministerium zu leiten haben, unabhängige Staatsminister, die kein spezifisches Aufgabengebiet betreuen sowie Staatsminister, die den Kabinettsministern unterstellt sind und in deren

Ministerien mitwirken. Der Premierminister selbst übernimmt meist nicht die Leitung eines Ministeriums, sondern gilt als zuständig für alle Ministerien in ihrer Gesamtheit. In Indien gibt es eine außerordentlich hohe Anzahl von Ministern. Über 80 Minister sind möglich, dies entspricht etwa 15 Prozent der Gesamtsitze des Unterhauses.

Die Legislative Indiens, also die Gesetzgebung, ist das Parlament, das in zwei Kammern aufgeteilt ist: Das Lok Sabha, das „Haus des Volkes“, das Unterhaus, und das Rajya Sabha, das „Haus der Staaten“, das Oberhaus. Das indische Regierungssystem erinnert stark an das Parlamentssystem Großbritanniens. Das indische Parlamentsgebäude Sansad Bhavan befindet sich in Neu-Delhi.

Das Unterhaus ist somit die erste Parlamentskammer und trägt die wichtigste Entscheidungsgewalt in Indien, insbesondere wenn es um haushaltspolitische Fragen geht. Prinzipiell ist das Unterhaus dem Oberhaus gleichgestellt. Kommt es zu unterschiedlichen Abstimmungen, beraten die beiden Gremien in einer gemeinsamen Sitzung. Dies kommt jedoch nur äußerst selten vor. Zuletzt war dies im Jahr 2002 der Fall, als ein neues Anti-Terror-Gesetz verabschiedet werden sollte, das in der Öffentlichkeit sehr kontrovers diskutiert wurde. Maximal können im Unterhaus 550 Sitze vergeben werden, derzeit sind es 545 Sitze. Zwei davon werden durch den Präsidenten direkt ernannt. Diese Personen sollen die englisch-indische Minderheit im Land repräsentieren. Der Vorsitzende bzw. der Sprecher des Unterhauses wird durch die Versammlung gewählt. Die Parlamentarier müssen mindestens 25 Jahre alt und indische Staatsbürger sein. Die Amtssprache ist Englisch, jedoch auch Hindi, das simultan übersetzt wird. Zusätzlich ist die Verwendung von 22 anderen indischen Sprachen gestattet. Welche Sprachen dies genau sind, ist in der Verfassung geregelt. Möchte ein Parlamentarier in einer solchen Sprache einen Redebeitrag abhalten, muss dies vorher offiziell innerhalb einer individuellen Frist angemeldet werden, damit eine Übersetzung ins Englische und/oder Hindi erfolgen kann. Je nach gewählter Sprache kann diese Anmeldefrist 30 Minuten oder auch ein ganzer Tag sein. Die zweite Kammer ist das Oberhaus, dessen Mitglieder durch das Parlament der Bundesstaaten und mancher der Unionsterritorien gewählt werden. Nicht alle Territorien sind im Oberhaus repräsentiert. Dies liegt daran, dass auf deren regionaler Ebene keine Versammlungen durchgeführt werden. Insgesamt 250 Mitglieder darf das Oberhaus maximal besitzen. Zwölf davon werden direkt durch den Präsidenten ernannt. Diese besonderen Mitglieder besitzen in der Regel „herausragende Fähigkeiten“ in verschiedenen Wissenschaften oder Künsten. Die restlichen 233 Parlamentarier werden wie erwähnt durch die Regionalparlamente gewählt. Dies ist möglich, insofern der mögliche Repräsentant die indische Staatsbürgerschaft und ein Mindestalter von 30 Jahren besitzt. Sie werden für eine Legislaturperiode von sechs Jahren gewählt. Vorsitzender des Oberhauses ist der Vizepräsident. Sowohl im Unter- als auch im Oberhaus besteht seit 2010 eine Frauenquote. Seitdem müssen ein Drittel der Abgeordneten beider Kammern Frauen sein.

Neben den beiden Häusern besitzt auch der Präsident ein Recht zur Gesetzgebung. Dies geschieht unter der Verwendung von Verordnungen, die jedoch dem Parlament vorgelegt werden müssen. Gegen diese Verordnungen kann seitens des Parlaments Widerspruch eingelegt werden. Falls dies nicht geschieht, tritt die Verordnung automatisch sechs Wochen nach Vorlage in Kraft und wird in der Folge gültig.

Offizielle Amtssprache am Gericht ist Englisch, ein Ausweichen auf die regional vorherrschende Sprache ist jedoch auf der untersten Ebene der Gerichtsbarkeit möglich.

EXKURS: DER ANSCHLAG VON 2001

Im Dezember 2001 erreichten die Beziehungen zwischen Pakistan und Indien einen erneuten Tiefpunkt. Die beiden Staaten standen kurz vor einer weiteren militärischen Auseinandersetzung. Der Grund: Am 13. Dezember erfolgte ein Terroranschlag auf das Parlament. Fünf Angreifer warfen Granaten auf das Parlamentsgebäude und schossen mit Maschinenpistolen um sich. 14 Menschen starben bei dem Anschlag, 27 weitere wurden verletzt. Die indische Regierung machte Pakistan für diesen Akt des Terrors verantwortlich. Tatsächlich waren die Angreifer Extremisten der islamistischen Organisation Jaish-e Mohammed, welche von Pakistan aus operiert. Die Täter selbst stammten aus Jammu und Kashmir. Vier der fünf Täter wurden verhaftet und zu Gefängnisstrafen verurteilt. Der Organisator des Anschlags wurde zum Tode verurteilt. Die Todesstrafe wurde im Februar 2013 vollstreckt.

Die weitere Gewalteinteilung in den Bundesstaaten folgt dem gleichen Muster wie auf der gesamtstaatlichen Ebene. Jedem Bundesstaat steht ein Gouverneur vor, der durch den Premierminister ernannt wird und an der Spitze von Exekutive und Legislative steht. Der Gouverneur ernennt auf Ebene der Bundesstaaten die Mitglieder des Ministerrates und den Chief Minister, der die faktische Entscheidungsgewalt besitzt. Die Beziehung zwischen Gouverneur und Chief Minister ist vergleichbar mit der zwischen Präsident und Premierminister. Gouverneur und Premier sind also die Regierungschefs auf den verschiedenen Ebenen. Auch hier haben die Chief Minister eigentlich eine beratende Funktion, „drängen" ihre Beratung dem Gouverneur aber faktisch als gegeben auf.

Die Bundesstaaten besitzen ein legislatives System, das dem nationalen Parlamentssystem sehr ähnlich ist. Diese Parlamente müssen jedoch nicht zwangsläufig aus zwei Kammern bestehen. So gibt es Bundesstaaten mit einem Ein-Kammer-System. Besitzt das Parlament zwei Kammern, sind diese in ein Unter- und Oberhaus aufgeteilt und folgen dem nationalen Vorbild. Gibt es nur eine Kammer, wird diese Gesetzgebende Versammlung genannt. Ob das Parlament als Ein-, oder

Zwei-Kammersystem definiert wird, ist den Bundesstaaten freigestellt. Die überwiegende Zahl der Bundesstaaten setzt das Ein-Kammer-System ein. Die dominierende Parlamentsform ist also die Gesetzgebende Versammlung, die bis zu 500 Mitglieder haben kann, die für eine Legislaturperiode von fünf Jahren direkt vom Volk gewählt werden. Auch in diesen Gremien besteht eine Frauenquote von einem Drittel. Bei der konkreten Gesetzgebung ist es dem Gouverneur ebenfalls möglich, ein Gesetz eigenmächtig als Verordnung einzubringen. Dieses Vorgehen entspricht der Arbeitsweise auf nationaler Ebene. Folgt die zwangsläufige Zustimmung der Versammlung, wird das Gesetz rechtskräftig.

In Indien bestehen verschiedene Rechtsebenen. Das Oberste Gericht ist das oberste Organ der indischen Judikative und hat seinen Sitz in Neu-Delhi. Der Vorsitzende ist der Oberste Richter. Die primäre Aufgabe des Obersten Gerichtes ist die Regelung von Streitigkeiten zwischen der Regierung und den Bundesstaaten sowie anderen Staaten. Jeder Bundesstaat hat seinen eigenen, obersten Gerichtshof und insgesamt 24 in der Zahl. Dies stellt die zweite Ebene der indischen Gerichtsbarkeit dar. Ein solches Gericht kann jedoch auch für mehrere Bundesstaaten zuständig sein. Dies gilt ebenfalls für die Unionsterritorien. Alle diese Gerichte sind dem Obersten Gericht unterstellt und behandeln vorrangig Berufungsfälle. Auf der dritten Ebene arbeiten Straf- und Zivilgerichte. Außerdem gibt es eigene Strafgerichte in den verschiedenen Distrikten.

ADMINISTRATIVE GLIEDERUNG

Gemäß Verfassung ist Indien eine Bundesrepublik und setzt sich aus insgesamt 28 Bundesstaaten sowie 8 Unionsterritorien zusammen. Während sich die Bundesstaaten selbst verwalten, sind die Territorien direkt dem Bund unterstellt.

Die 28 Bundesstaaten sind (sortiert nach Einwohnerzahl, mit Angabe der Hauptstadt, Stand 2011):

- Uttar Pradesh (199.812.000, Lucknow)
- Maharashtra (112.372.000, Mumbai)
- Bihar (103.804.000, Patna)
- Westbengalen (91.348.000, Kalkutta)
- Madhya Pradesh (72.598.000, Bhopal)
- Tamil Nadu (72.139.000, Chennai)
- Rajasthan (68.621.000, Jaipur)
- Karnataka, (61.131.000, Bangalore)
- Gujarat (60.384.000, Gandhinagar)
- Andhra Pradesh (49.387.000, Amaravati)
- Odisha, (41.947.000, Bhubaneswar)
- Telangana (35.287.000, Hyderabad)
- Kerala (33.388.000, Thiruvananthapuram)
- Jharkhand (32.988.000, Ranchi)

- Assam (31.169.000, Dispur)
- Punjab (27.704.000, Chandigarh[1])
- Chhattisgarh (25.540.000, Raipur)
- Haryana (25.353.000, Chandigarh[1])
- Uttarakhand (10.117.000, Dehradun)
- Himachal Pradesh (6.865.000, Shimla)
- Tripura (3.671.000, Agartala)
- Meghalaya (2.964.000, Shillong)
- Manipur (2.722.000, Imphal)
- Nagaland, (1.981.000, Kohima)
- Goa (1.458.000, Panaji)
- Arunachal Pradesh (1.383.000, Itanagar)
- Mizoram (1.091.000, Aizawl)
- Sikkim (608.000, Gangtok)

Die Unionsterritorien Indiens sind:

- Delhi, (16.788.000, Neu-Delhi)
- Jammu und Kashmir (12.549.000, Srinagar bzw. Jammu)
- Puducherry (1.244.000, Puducherry)
- Chandigarh[1] (1.055.000, Chandigarh)

---

[1]Die Stadt Chandigarh ist die gemeinsame Hauptstadt der Bundesstaaten Punjab und Haryana sowie Verwaltungssitz des Unionsterritoriums Chandigarh selbst. Diese ungewöhnliche Verwaltungsstruktur basiert auf dem umstrittenen

- Andamanen und Nikobaren (380.000, Port Blair)
- Dadra und Nagar Haveli (343.000, Silvassa)
- Daman und Diu (243.000, Daman)
- Lakshadweep (64.000, Kavaratti)

Uttar Pradesh ist der Bundesstaat mit den meisten Einwohnern. In Bezug auf die Fläche steht Uttar Pradesh mit einer Ausdehnung von 243.300 km^2 nur auf Rang vier. Die Bundesstaaten Rajasthan (342.200 km^2), Madhya Pradesh (308.400 km^2) und Maharashtra (307.700 km^2) besitzen eine größere Fläche. Der kleinste Bundesstaat ist Goa mit einer Fläche von 3.700 km^2. Das flächenmäßig größte Unionsterritorium ist die Inselgruppe der Andamanen und Nikobaren (8.200 km^2), das kleinste ist Lakshadweep – ebenfalls eine Inselgruppe – mit einer Gesamtfläche von nur 32 km^2.

Größere Städte mit mehreren Hunderttausend Einwohnern verwalten sich in der Regel über die Municipal Corporations, für kleinere Städte sind Municipalities verantwortlich. Eine Besonderheit ist die Verwaltungsform des Panchayati Raj, der

---

Zugehörigkeitsstatus sowie Reformen der indischen Bundesstaaten.

insbesondere in ländlich geprägten Gegenden Anwendung findet.

EXKURS: JEDES DORF VERWALTET SICH SELBST

Der Panchayati Raj ist eine dezentrale Verwaltungsform, die bereits von Mahatma Gandhi befürwortet wurde. Grundsätzlich gilt die Prämisse: Jedes Dorf verwaltet sich selbst. Eine solche Verwaltungseinheit wird Gram Swaraj genannt und ist in drei Ebenen geteilt: Dorf, Block (bestehend aus mehreren Dörfern) und Distrikt (bestehend aus mehreren Blocks). Bereits in den 1950er und 1960er Jahren wurde dieses Prinzip der Verwaltung in verschiedenen Bundesstaaten eingeführt. In einem 1992 festgehaltenen Zusatzartikel der Verfassung wurde das Prinzip bestätigt, auch wenn sich die moderne Erscheinungsform von der ursprünglichen Variante deutlich unterscheidet. Die Grundidee ist jedoch weiterhin vorhanden. Auf Dorfebene werden u.a. Steuern erhoben und eingetrieben, gleiches gilt für Zölle und sonstige Gebühren. Die Verwaltung der Blocks sind für die medizinische Versorgung, Trink- und Abwasserversorgung, Betrieb von Grund-

schulen, den Straßenbau und dessen Instandhaltung verantwortlich. Auf Distriktebene behandeln die jeweiligen Verwaltungen Themen wie den Betrieb und Bau von Krankenhäusern, Bibliotheken, Brücken und vieles mehr.

Laut der Volkszählung im Jahre 2011 gab es in Indien 46 Städte mit einer Einwohnerzahl von über einer Million Menschen. Die Hauptstadt Neu-Delhi im Bundesstaat Delhi ist mit 11 Millionen Einwohnern die zweitgrößte Stadt des Landes. Mumbai im Bundesstat Maharashtra ist die größte Metropole Indiens und hat 12.478.000 Einwohner. Weitere bedeutende Großstädte sind:

- Bangalore (8.426.000 Einwohner, Bundesstaat: Karnataka)
- Hyderabad (6.810.000, Telangana)
- Ahmedabad (5.571.000, Gujarat)
- Madras (4.681.000, Tamil Nadu)
- Kalkutta (4.487.000, Westbengalen)
- Surat (4.462.000, Gujarat)
- Poona (3.115.000, Maharashtra)
- Jaipur (3.073.000, Rajasthan)

POLITISCHE PARTEIEN IN INDIEN

Im politischen Spektrum Indiens gibt es eine Vielzahl verschiedener Parteien. Grundlegend wird nach nationalen (national parties) oder bundesstaatlichen (state parties) Parteien unterschieden, also danach, ob sie landesweit oder nur in den Bundesstaaten und deren Parlamenten aktiv sind. Für eine Partei besteht keine Pflicht zur amtlichen Registrierung. Ein solcher Schritt bringt aber einige Privilegien mit. So zum Beispiel ein Parteisymbol. Dies kann eine Blume, ein Tier oder ein Gegenstand sein. Dieses Symbol wird durch den indischen Wahlausschuss bereitgestellt und bietet einen erhöhten Wiedererkennungswert bei den Wählern, die Analphabeten sind. Außerdem haben registrierte Parteien die Berechtigung, Wahlspots im Radio und im TV auszustrahlen.

Zur Registrierung als nationale Partei bedarf es mindestens sechs Prozent der Stimmen bei der Wahl zum Unterhaus, der Lok Sabha. Alternativ genügen auch sechs Prozent der Wählerstimmen bei den Wahlen der Parlamente in vier Bundesstaaten. Als weitere Möglichkeit genügen auch 11 Delegierte im Unterhaus aus drei Bundesstaaten. Diese Regeln gelten erst seit August 2016, denn vorher wurden die Zugangsvoraussetzungen als zu niedrig angesehen. Bis dato reichte es zum Erlangen des nationalen Status, dass eine Partei in mindestens vier Bundesstaaten anerkannt war. War dies der Fall, wurde die betreffende Partei ganz automatisch als nationale Partei betrachtet.

Um grundsätzlich als Partei anerkannt zu werden, sind die Hürden ebenfalls recht gering. Es bedarf lediglich 100 Unterstützer, um den Parteienstatus zu bestätigen. Der Vorsitzende – genannt Parteipräsident oder Generalsekretär – muss schließlich das Parteiprogramm vorlegen und eine Gebühr von 10.000 Rupien entrichten. Außerdem darf er nicht vorbestraft sein. Die Partei muss sich zur indischen Verfassung bekennen. Um den Status als Bundesstaatspartei zu erhalten, gelten ähnliche Regularien wie bei der Anerkennung des nationalen Parteienstatus.

Derzeit (Stand: 2019) gibt es acht indische Nationalparteien.

- Der Indian National Congress (INC), kurz Kongress oder auch Kongresspartei genannt, wurde 1885 gegründet. Neben der

Bharatiya Janata Party gilt sie als Volkspartei Indiens. Sie steht für eine sozialdemokratische bzw. sozialistisch-demokratische und säkulare Weltanschauung und hat geschätzt 20 Millionen Mitglieder. Der INC stellte die meisten Premiers und Präsidenten Indiens. Im derzeitigen Unterhaus hat der INC 52 Plätze und gehört der Opposition an. Die Vorsitzende ist Sonia Gandhi, das Parteisymbol ist die gestreckte Hand.

– Die zweite Volkspartei in Indien ist die Bharatiya Janata Party, kurz BJP. Sie hat die meisten Mitglieder aller Parteien des Landes (147,8 Millionen). Im Jahre 2015 war die BJP sogar die Partei mit den meisten Mitgliedern weltweit. Die BJP gilt als ausgesprochen konservativ und bisweilen autoritär. Sie steht für Nationalkonservatismus im Allgemeinen und Hindu-Nationalismus im speziellen. Seit 2014 stellt sie die Regierung und hat 303 Sitze im Unterhaus. Der Vorsitzende ist Amit Shah, das Parteisymbol ist die Lotusblüte.

- Eine weitere Nationalpartei ist der AITC, der All India Trinamool Congress, der sich vornehmlich sozialistisch, antikommunistisch und säkular präsentiert. In vergangenen Wahlen konnte der AITC den kommunistischen Parteien Indiens große Teile der Wählerschaft abnehmen. Im derzeitigen Unterhaus besitzt die AITC 22 Sitze und ist somit eine Partei in der breiten Opposition. Die Vorsitzende ist Mamata Banerjee, das Symbol ist eine nicht näher definierte, sprießende Pflanze.
- Die Bahujan Samaj Party (BSP) ist eine weitere Nationalpartei, die fast ausschließlich im Bundesstaat Uttar Pradesh eine bedeutende Rolle spielt. Sie gehört dem sozialdemokratischen Lager an und sieht sich vor allem als Interessenvertretung der Kastenlosen (Dalits) an. Die Vorsitzende heißt bzw. nennt sich schlicht „Mayawati“. Ihr voller Name soll Mayawati Prabhu Das lauten. Die BSP besitzt neun Stimmen im Unterhaus. Ihr Symbol ist der Elefant.
- Die Communist Party of India, kurz CPI, ist eine kommunistische bzw. marxistisch-

leninistische Partei. Laut eigenen Angaben wurde die Partei 1925 gegründet. Der Generalsekretär ist Doraisamy Raja. Trotz ihres Status als Nationalpartei spielt sie eine deutlich untergeordnete Rolle im politischen Alltag Indiens. Sie besitzt zwei Sitze im Unterhaus. Das Parteisymbol besteht aus Ähren und einer Sichel.

- Die zweite kommunistische Partei in Indien ist die Communist Party of India (Marxist), abgekürzt als CPM. Sie ist eine Abspaltung der CPI und wurde 1964 gegründet. Der Generalsekretär heißt Sitaram Yechury. Wie auch die größere CPI ist ihre Rolle marginal und sie hält drei Sitze im Unterhaus. Sichel, Ähren und Hammer bilden das Parteisymbol der CPM.
- Die Nationalist Congress Partei (NCP) sieht ihren Schwerpunkt beim Föderalismus, Progessivismus, Nationalismus und Säkularismus und wurde 1999 gegründet. Der Vorsitzende ist Sharad Pawar. Bei der letzten Wahl des Unterhauses konnte die Partei fünf Sitze gewinnen. Die NPC ist

Oppositionspartei. Ihr Symbol ist die Uhr bzw. ein Wecker.

– Die National People´s Party (NPP) sieht sich als politische und demokratische Vertretung der indigenen Völker Indiens und wurde 2013 gegründet. Trotz ihres Status als nationale Partei arbeitet die ethnozentrische Partei überwiegend auf regionaler Ebene. Präsident der Partei ist Conrad Sangma. Die NPP hat einen Sitz im Unterhaus, ihr Parteisymbol ist ein (geschlossenes) Buch.

Das derzeitige Unterhaus setzt sich in der aktuellen Wahlperiode aus sechs Fraktionen zusammen. Die Regierung wird aus der Bharatiya Janata Party (Ausrichtung siehe oben), der Partei Shiv Sena (national-hinduistisch), der Shiromani Akali Dal (Partei der Sikhs) und der Lok Janskakti Party (Vertretung der niederen Kasten / Dalits) gebildet. Die Regierungsparteien haben 329 Sitze im Unterhaus, von denen der überwiegende Teil von Abgeordneten der Bharatiya Janata Party besetzt ist (303 Sitze). Die direkte Opposition nennt sich United Progressive Alliance (UPA) und wird von der Kongresspartei angeführt.

Weitere Mitgliedsparteien sind deren verbündete Parteien, die meist im gemäßigten politischen (d.h. demokratischen) Spektrum angesiedelt sind. Die UPA hat 61 Sitze im Unterhaus. Die restlichen Sitze – und dies sind mit insgesamt 143 nicht wenige – des Unterhauses fallen den einzelnen Parteien der „sonstigen Parteien" zu, einer breit gefächerten Masse verschiedenster politischer Strömungen. Die CPI, die CPM und die Revolutionary Socialist Party bilden mit sechs Sitzen eine Art Block. Zwei weitere Sitze entfallen auf die nominierten Politiker als Repräsentanten der anglo-indischen Bevölkerung.

Eine ähnliche Verteilung der Parteien lässt sich im Oberhaus Rajya Sabha feststellend. Auch hier dominiert die Bharatiya Janata Party mit 58 der maximal 250 Sitze (Anm.: Manche der Sitze sind vakant). Die zweitstärkste Kraft ist der Nationalkongress mit 54 Sitzen. Die restlichen Sitze teilen sich Vertreter weiterer 26 Parteien, Parteilose und nominierte Mitglieder.

DIE BEVÖLKERUNG INDIENS

Laut Behörden beträgt die Bevölkerung Indiens im Mai 2020 1,393 Milliarden Menschen und somit etwa 12 Prozent der gesamten Bevölkerung der Erde. Die Tendenz ist steigend. Auch wenn die Regierung mit Programmen zur Geburtenkontrolle die Bevölkerungsexplosion einzudämmen versucht, wird Indien frühestens im Jahr 2023 und spätestens 2030 China als bevölkerungsstärkstes Land der Erde überholen. Im Jahr 2020 bekam jede indische Frau im Durchschnitt 2,24 Kinder. Zum Vergleich: Im Jahre 1955 betrug diese Zahl noch 5,90. Aufgrund der nach wie vor hohen Geburtenrate gibt es in Indien einen starken Überschuss an Kindern und Jugendlichen – jedes fünfte derzeit weltweit geborene Kind ist Inder. Das Medianalter liegt bei etwa 28 Jahren. Die Kindersterblichkeit konnte durch verschiedene medizinische Programme und Aufklärungsarbeit zurückgedrängt werden. Dennoch ist die Todesrate unter Kindern weiterhin hoch. Zwischen 2015 und 2020 starben etwa sechs Millionen Kinder im Alter unter fünf Jahren.

Noch zur britischen Kolonialzeit lag die durchschnittliche Lebenserwartung bei unter 30 Jahren. Ende der

1940er lag sie bei 35. Heute liegt die Lebenserwartung bei Frauen bei 70,4 Jahren und bei Männern bei 67,8 Jahren. Somit hat sich die Lebenserwartung in den letzten 70 Jahren praktisch verdoppelt. Die Unabhängigkeit hatte daran maßgeblichen Anteil: Die Lebensbedingungen verbesserten sich, ebenso wie der Zugang zu einer besseren medizinischen Grundversorgung. Trotz dieses Aufwärtstrends kann die Lebenserwartung in verschiedenen Regionen variieren, da nicht alle Bundesstaaten gleichmäßig entwickelt sind. Der Lebensstandard in Indien ist somit nicht homogen.

EXKURS: MASSIVER ÜBERSCHUSS AN MÄNNERN

In Indien besteht ein hohes Ungleichgewicht bei der Geschlechterverteilung. Eine indische Besonderheit war in der Vergangenheit, dass Mädchen eine niedrigere Lebenserwartung als Jungen hatten. Dies stellte weltweit eine fast einzigartige demografische Besonderheit dar. Mittlerweile hat sich dieser Trend jedoch normalisiert. Heute kommen auf 1.000 Männer etwa 940 Frauen. Hochgerechnet auf die gesamte Bevölkerung des Landes macht dies einen Überschuss von 65 Millionen Männern aus. Dieser Tatsache wird die permanent zu beobachtende Zunahme von sexualisierter Gewalt und Vergewaltigungen zu Grunde gelegt.

Die Gründe dafür, dass es heute mehr Männer als Frauen gibt, sind auch in der indischen Geschichte zu finden. Schon zu Kolonialzeiten wurden Mädchen nach der Geburt getötet, um bei einer späteren Vermählung das Brautgeld zu sparen. Generell wurden Jungen in der Gesellschaft bevorzugt, Mädchen galten als minderwertiger. Auch heute werden Mädchen häufiger abgetrieben als Jungen. Um dies zu unterbinden, verbot die Regierung die Feststellung des Geschlechts des Babys per Ultraschalluntersuchung. Menschenrechtsorganisationen bemängeln, dass dieses Verbot nur halbherzig bzw. gar nicht umgesetzt wird.

Armut ist in weiten Teilen Indiens ein wichtiges Thema. Der wirtschaftliche Aufschwung hat die Armutsquote jedoch deutlich reduziert. Lebten 2005 noch etwa 55 Prozent der Bevölkerung in Armut, waren es 2015 nur noch rund 28 Prozent. Die Armutsquote hat sich in dieser Zeitspanne fast halbiert. In extremer Armut leben heute etwa 3 Prozent der indischen Bevölkerung. Diese Gruppe verfügt über ein tägliches Einkommen von unter 1,90 US-Dollar. Auch wenn sich die Armut in den letzten 15 Jahren drastisch reduziert hat, ist soziales Elend weit verbreitet. Etwa 15 Prozent der Inder galten laut einem Bericht der Vereinten Nationen aus dem Jahr 2019 als unterernährt, 2005 waren es etwa 22 Prozent. Dies äußert sich unter anderem in Minderwuchs, über ein Drittel der indischen Kinder sind zu klein für ihr Alter. Die indische Bevölkerung hat im weltweiten Durchschnitt die geringste Körpergröße. Zur Mangelernährung kommen die schlechten hygienischen Verhältnisse erschwerend hinzu. Ein Programm unter der Überschrift „Sauberes Indien“ wurde 2014 verabschiedet und hat die Lage seitdem verbessert. Kinderarbeit ist insbesondere in ländlichen Gebieten ein sehr großes Problem. Oft sind die eigenen Kinder die einzige verfügbare Arbeitskraft auf dem Land. Viele Bauern leben nach wie vor in einer Form von Schuldknechtschaft und arbeiten Schulden oft bei den jeweiligen Grundbesitzern ab. Das eigene Einkommen bleibt gering und ein Abbezahlen der Schulden ist oft nicht möglich. Es wird angenommen, dass sich bereits über 17.000 Bauern aufgrund der ausweglosen Lage das Leben nahmen. Als Folge dieser Missstände ist eine vermehrte Landflucht zu bemerken. Jedoch gelingt es nur wenigen Flüchtlingen, in den Städten Indiens eine Verbesserung der Lebensumstände herbeizuführen. Es mangelt an Arbeitsplätzen und Wohnraum. Dies führte bereits in der Vergangenheit zu einer massiven Bildung von Slums, die weiterhin wachsen. In Mumbai besteht mit einer halben Million Einwohner der größte Slum Asiens, im Durchschnitt leben etwa 30 Prozent aller Einwohner in solchen Slums in Elendsvierteln.

Ein großes Problem bei der Steigerung des Wohlstandes ist die Unterfinanzierung staatlicher Einrichtungen wie Schulen oder Krankenhäuser. So sind Krankenhäuser zwar vorhanden, sie sind jedoch personell unterbesetzt oder nicht mit notwendigen technischen Geräten ausgestattet. Technik wie Personal wird aus Steuergeldern finanziert. Diese sind aber chronisch knapp, da nur ein Prozent der Bevölkerung überhaupt Steuerabgaben entrichtet. Ende der 2000er Jahre betrugen die staatlichen Ausgaben für das Gesundheitssystem lediglich 1,58 Prozent. Das unzureichende Gesundheitssystem und die mangelhafte Bildung zeigen sich deutlich an der

Verbreitung des HI-Virus. Auch wenn die Infektionsquote seit den 2010er Jahren rückläufig ist, rangiert Indien im weltweiten Vergleich der Staaten mit den meisten HIV-Infektionen auf dem dritten Rang nach Südafrika und Nigeria. 2008 waren etwa 0,29 Prozent der Inder HIV-positiv. Überwiegend findet die Übertragung durch ungeschützten, heterosexuellen Geschlechtsverkehr mit Prostituierten statt.

Um die Übertragung zu reduzieren, benötigt Indien dringend ein funktionierendes Schulsystem, das über die gesundheitlichen Risiken aufklärt. Neun von zehn Kindern besuchen zwar Grundschulen, diese sind aber extrem mangelhaft ausgestattet. Im weltweiten Vergleich gilt das indische Schulsystem als eines der Schlechtesten überhaupt. Es gibt zu wenige Lehrer, miserable Ausstattung und stark veraltete Lehrmethoden. Schulklassen sind überbelegt. Grundsätzlich ist das indische Schulsystem dringend reformbedürftig. In Bezug auf die Alphabetisierung wurden in den letzten Jahrzehnten Fortschritte gemacht, auch wenn das Niveau einem Vergleich mit westlichen Standards nicht standhält. Bei einer Erhebung im Jahre 2011 wurde festgestellt, dass ein Viertel der Gesamtbevölkerung weder lesen noch schreiben kann. Bei der ersten

Erhebung nach der Erlangung der Unabhängigkeit konnten nur rund 18 Prozent der Inder lesen und schreiben. Bei Frauen ist die Alphabetisierungsquote heutzutage geringer als bei Männern. Ein Drittel der Frauen sind Analphabeten, bei den Männern ist es nur ein Fünftel.

Darüber hinaus hat Indien mit weiteren sozialen Problemen zu kämpfen, insbesondere Obdachlosigkeit, Arbeitslosigkeit, Umweltverschmutzung und eine sehr stark ausgeprägte Schere zwischen Arm und Reich. Die meisten der fast 500 Millionen Arbeiter in Indien verfügen weder über eine Sozialversicherung noch über einen Rentenanspruch. Wirtschaftlichen Schwankungen sind diese Menschen oft hilflos ausgeliefert. Droht ein Lohnausfall durch Arbeitslosigkeit oder Krankheit, geraten die Arbeiter und deren Familien in eine schwierige, oftmals existenzbedrohende Lage. Rücklagen und Sparguthaben, die in der Not diese Engpässe auffangen könnten, sind kaum verbreitet und selten besteht überhaupt die Möglichkeit, solche Sicherheiten aufzubauen. Frauen beteiligen sich vergleichsweise selten an der Erwerbstätigkeit, der Mann gilt als Ernährer der Familie. Die sozialen Unterschiede schwanken zwischen den einzelnen Bundesstaaten, sowie zwischen Stadt und Land. In den Regionen im Süden, Tamil Nadu und Kerala, sowie im Norden (Delhi) herrscht ein vergleichsweise fortschrittliches Lohnniveau. Gleiches gilt für das zentral gelegene Maharashtra. Als rückständige Gebiete gelten Regionen wie Uttar Pradesh, Bihar, Rajasthan, Madhya Pradesh und die Bundesstaaten im Nordosten Indiens.

Indien ist sowohl Einwanderungs- als auch Auswanderungsland. Die meisten der etwas mehr als 5 Millionen Einwanderer stammen aus den Nachbarländern wie Bangladesh, Nepal und Sri Lanka. Dies sind jedoch nur die offiziellen Zahlen. Es wird davon ausgegangen, dass sich etwa 20 Millionen Ausländer widerrechtlich im Land aufhalten, die vornehmlich aus Bangladesh stammen. Indien rangiert im weltweiten Vergleich der Staaten mit dem größten Anteil an ausländischen Einwohnern auf Rang zwölf.

Fast 18 Millionen Inder leben im Ausland. Werden in dieser Statistik auch die Nachfahren indischer Einwanderer mit eingerechnet, steigt die Zahl auf rund 31 Millionen Menschen an. Maßgeblichen Anteil an dieser Zahl hatten die Briten, die die billigen indischen Arbeitskräfte überall auf der Welt in ihren Kolonien einsetzten, insbesondere nach Abschaffung der Sklaverei. So gibt es bis heute viele Menschen indischer Abstammung in Afrika und Asien, aber auch der Karibik. Heute wandern viele (männliche) Inder in die arabische Welt und insbesondere in die Vereinigten Arabischen Emirate ab, um dort als Gastarbeiter Geld zu verdienen. Oft werden die Löhne zur Familie in Indien transferiert, die dort das Überleben sichern. Hochqualifizierte Inder wandern oft in westliche Staaten wie die USA, Großbritannien, Australien oder in die Staaten der Europäischen Union ab. Dieser „Brain-Drain“, also der Fortzug gut ausgebildeter Akademiker, hat auf die indische Wirtschaft und Gesellschaft eine erhebliche Auswirkung. Gerade Mediziner verlassen oft ihre Heimat. Dies führt zu einem massiven Mangel an Ärzten in ländlichen Regionen.

DAS INDISCHE KASTENSYSTEM

Eine Besonderheit innerhalb der indischen Bevölkerung ist das Kastensystem. Eine Kaste beschreibt ein hierarchisches System zur Einteilung gesellschaftlicher Gruppen. Bis heute prägt die Zugehörigkeit zu einer bestimmten Kaste das Zusammenleben in Indien, auch wenn die negativen Auswirkungen wie soziale Benachteiligung per Gesetz verboten ist. In der ursprünglichen Tradition des Kastenwesens, das sich vor rund 2000 Jahren ausprägte, wurden viele Bereiche des täglichen Zusammenlebens geregelt. Eheschließungen wurden ausschließlich innerhalb der eigenen Kaste vollzogen. Außerdem hatte die Zugehörigkeit zu einer Kaste großen Einfluss auf die Berufsausübung. Dies hat sich bis heute nur wenig geändert. Auch die Mahlzeiten wurden gemeinschaftlich im Kreise der Angehörigen der eigenen Kaste eingenommen. Ein gemeinsames Mahl mit niederen Kasten wurde bis in die Neuzeit als „Verunreinigung" wahrgenommen. Heute ist das Bild ein anderes, variiert jedoch von Region zu Region. In manchen Bundesstaaten wird die Trennung während der öffentlichen Mahlzeiten weiterhin aufrechterhalten, wenn auch nicht mehr ganz so strikt, wie es früher einmal war. Eine vergleichsweise strenge Auslegung erfahren die Ideale des Kastenwesens weiterhin bei Hochzeiten. Noch immer ist die Verheiratung innerhalb der eigenen Kaste üblich, auch wenn das nicht mehr verpflichtend ist. Heiratswillige sind in konservativen Kreisen jedoch weiterhin großem Druck ausgesetzt. Das Motiv, eine Person außerhalb der eigenen Kaste zu ehelichen und die Verweigerung dieses Wunsches der Eltern ist ein weit verbreitetes Thema innerhalb der indischen Kultur, so zum Beispiel bei Bollywood Filmen. Da das Kastenwesen Indiens religiöse Wurzeln hat und eher eine Anleitung zur Verteilung gesellschaftlicher Aufgaben darstellt, lässt die Zugehörigkeit zu einer bestimmten Kaste keine Rückschlüsse auf den materiellen Reichtum derjenigen Person zu. Die Zugehörigkeit zu oberen Kasten signalisiert keine gleichzeitige Zugehörigkeit zur Oberschicht. Im Grunde weist das Kastensystem einige Parallelen zum mittelalterlichen Feudal- und Ständesystem auf. Die Menschen werden in eine bestimmte Kaste „hineingeboren", ein Wechsel ist nicht möglich.

Es bestehen vier traditionelle Hauptkasten, die Varnas. Jeder Kaste sind eine traditionelle, berufliche Aufgabe und eine Farbe zugeordnet. Wie erwähnt weichen die ursprünglichen Berufe heute von der traditionellen

Form ab, die im nachfolgenden aufgelistet wird. Die erste Kaste sind die Brahmanen (Farbe: weiß, Intellektuelle, Priester), die zweite die Kshatriyas (Farbe: Rot, hohe Beamte, „Krieger", Fürsten, Herrscher), die dritte sind die Vaishayas (Farbe: Gelb, Kaufleute, Händler) und die Shudras (Farbe: schwarz, Bauern, Handwerker, einfache Arbeiter).

EXKURS: PRIESTER AM HERD

Auch wenn die traditionelle Berufswahl den Karriereweg über viele Jahrhunderte bestimmt hat, sieht die heutige Situation anders aus. So üben nur wenige Brahmanen tatsächlich den Beruf des Priesters aus. Auch müssen weder Präsident noch Premierminister zwangsläufig aus der Kaste der Kshatriya stammen, deren Mitglieder überdies hinaus selten Soldaten und Offiziere werden. Statt der Geburt haben reelle Gründe eine viel größere Bedeutung bei der Wahl des Jobs. So arbeiten Brahmanen überproportional oft als Köche in Restaurants. Der Grund: Fundamentale Hindus empfinden es als „unrein" wenn Speisen von Angehörigen niedrigerer Kasten zubereitet werden. Werden die Gerichte von Mitgliedern der obersten aller Kasten zubereitet, löst sich das Problem. Findige Gastronomen können somit auch Kunden aus den Reihen der erzkonservativen Hindus, für die das Kastensystem noch sehr präsent ist, in ihre Restaurants locken.

Die vier Hauptkasten sind in sich stark in sogenannten Jatis, Unterklassen der Kasten, unterteilt. Im weitesten Sinne gleichen die Jatis Clans oder Großfamilien. Wie viele solche Jatis es gibt, ist umstritten. Schätzungen gehen von mehreren hundert bis mehreren tausend Jatis aus. Im sozialen Miteinander sind diese Unterkasten sehr präsent, denn sie erfüllen wichtige Aufgaben. Die Zugehörigkeit zu einer Jati gleicht einer sozialen Versicherung, gerade in den Slums der Metropolen Indiens. Hilfesuchende erhalten bei den Vertretern der eigenen Jati Nahrung und Obdach oder einen Arbeitsplatz. Im Krankheitsfall wird sich umeinander gekümmert. Innerhalb dieser Jatis herrschen exakte soziale Normen, die die jeweiligen Mitglieder zur Hilfe verpflichten. Somit erfüllen diese Clans eine Aufgabe, die das indische Sozialsystem nur unzureichend erfüllen kann. Im Grunde sind die Jatis die praktische Auslegung der Varnas. So wäre es untypisch, einen Inder nach seiner Varna zu fragen. Die gelten im Alltag als zu wenig aussagekräftig und sind oft mit einem negativen Beigeschmack belegt.

Ein sozialer Aufstieg über die eigenen Jati hinaus wird generell als schwierig betrachtet, aber nicht als unmöglich. Es wurde beobachtet, dass ganze Jatis im Sozialgefüge aufstiegen. Dies gelang dann, wenn eine höher gestellte Jati als Vorbild diente und deren Lebensweise imitiert wurde.

Die Jatis sind wiederum in sich aufgeteilt. Diese Unterteilungen heißen Subjatis und bedeuten noch engere Familienstrukturen. Bei Hochzeiten (und arrangierten Verheiratungen) kommt dieser Zugehörigkeit eine besondere Bedeutung zu: Innerhalb einer Subjati wird eine Eheschließung strikt vermieden, um Inzest zu vermeiden.

Neben dem beschriebenen Kastenwesen gibt es jene Menschen, die als „Kastenlose" gelten. Die sogenannten Dalits. Der Begriff ist insofern irreführend, da die Dalits durchaus einer Jati angehören, aber keiner Varna. Die Dalits werden im traditionellen hinduistischen Kontext auch als Unberührbare bezeichnet. Diese Bezeichnung wird und wurde auch auf andere Menschen, die außerhalb des Kastensystems stehen –

so zum Beispiel Muslime und Christen – angewendet. Die Dalits wurden jahrhundertelang systematisch unterdrückt. Auch wenn die Verfassung Indiens die Rechte der Dalits stärkt und diese auch gezielt gefördert werden, sind die Unberührbaren im Alltag auch heute noch Ziel von Diskriminierung und Ächtung. Konservativen Hindus ist das Berühren dieser Menschen nicht gestattet, sie gelten im traditionellen Sinn als „unrein". Anhänger einer fundamentalen Interpretation des Kastenwesens vermeiden gar eine „Berührung" des Schattens der Dalits. In der Gesellschaft wurde Dalits der Zugang zu gewissen Berufsbranchen und Bildungseinrichtungen verwehrt. Zur Bekämpfung der Diskriminierung hat die Regierung Dalit-Quoten an Universitäten eingeführt.

RELIGION IN INDIEN

Der überwiegende Teil der indischen Bevölkerung – nämlich fast 80 Prozent – gehört dem hinduistischen Glauben an. Zweitwichtigste Religion im Land ist der Islam mit etwa 14 Prozent. Etwa 2,3 Prozent der Inder sind Christen, 1,7 Prozent Sikhs und 0,7 Prozent Buddhisten. 1,3 Prozent der Bevölkerung gehören anderen Religionsgemeinschaften an.

Grundsätzlich betrachtet, koexistieren die verschiedenen Religionen vergleichsweise friedlich nebeneinander, auch wenn es in der Vergangenheit teilweise zu regionalen Auseinandersetzungen mit massiven Konsequenzen kommen konnte. Die letzte große Ausschreitung war 2002 bei dem Gewaltausbruch in Gujarat. (s. Geschichte Indiens).

INDIENS AUßENPOLITIK

Die Außenpolitik Indiens wird seit der Unabhängigkeit stark durch das angespannte Verhältnis zum westlichen Nachbarstaat Pakistan dominiert. Spannungsfreie Zeiten gab es kaum: Standen die beiden Mächte nicht im (bewaffneten) Konflikt miteinander, waren sie zumindest fast immer kurz davor. Auslöser war stets der von beiden Seiten beanspruchte Kashmir. Dennoch ist der permanent schwelende Konflikt kein Kleinkrieg unter Nachbarn. Durch die atomare Aufrüstung kommt dem indisch-pakistanischen Konflikt eine besondere Bedeutung bei. Rüstet ein Staat mit atomaren Waffen auf, ist dies ein deutliches Zeichen an die gesamte Staatengemeinschaft: Ein Konflikt mit Indien ist sinnlos. Seit der Unabhängigkeit zeichnete sich der Trend ab, dass sich das Land mehr und mehr als regionale Großmacht versteht. Als indische Interessensphäre wird der Subkontinent als solches inklusive dem Kashmir sowie weite Teile des indischen Ozeanes betrachtet. Von der (westlichen) Welt wird diese weitaus weniger präsent wahrgenommen als dies bei anderen (nicht-westlichen) Staaten der Fall wäre. Zum Beispiel im Falle Russlands. Hier liegt der Machtanspruch ganz klar bei den Staaten der ehemaligen

Sowjetunion, der auch mit militärischer Gewalt durchgesetzt wird, wie es bei der Krim der Fall war. Aktionen wie diese ziehen zwangsläufig die Aufmerksamkeit der Staatengemeinschaft auf sich. Im Falle Indiens ist der Aufstieg zur Regionalmacht dezenter abgelaufen, sofern der Kashmir-Konflikt ausgeklammert wird. Aber Indiens Interessen hören nicht im Kashmir auf. Ein sichtbares Zeichen für den Aufschwung ist – neben der atomaren Aufrüstung – auch der ständige Sitz im Sicherheitsrat der Vereinten Nationen. Dennoch gilt Indien als Staat, dessen genaue Leitlinie mitunter als schwer lokalisierbar scheint. Nach der Unabhängigkeit und der Loslösung von Großbritannien vermied es die indische Regierung, sich im anbahnenden Ost-West-Konflikt auf eine Seite zu schlagen. Zunächst wurde Indien Teil der blockfreien Staaten und nahm dort die Führungsrolle ein. Außenpolitisch präsentierte sich das neue Indien als betont friedlich und führte die friedliche Koexistenz aller Völker als ideelles Ziel an. Durch eine Neutralität von West und Ost wurde die Möglichkeit geschaffen, sich bevorzugt um eigene innen- und außenpolitische Angelegenheiten zu kümmern. Dennoch fand eine schleichende Distanzierung vom Westen statt. Indien driftete ideell in die Richtung der Sowjetunion. Ein Zeichen dafür war die Ausrichtung der Wirtschaft, die planwirtschaftliche Eigenschaften aufwies. Dass die USA den Erzfeind Pakistan mit Waffen unterstützte, sorgte für eine zusätzliche Distanzierung vom Westen. In der Folgezeit musste Indien international mit Prestigeverlusten kämpfen. Eine Zäsur bedeutete die Enthaltung bei der Verurteilung der Sowjetunion nach der Invasion in Afghanistan durch die UN im Jahre 1979. Indien hatte Interesse an einem Afghanistan, das Pakistan feindlich gegenüberstand. Weitere Kritik zog sich Indien durch den Umgang mit kleineren Staaten in der Nachbarschaft zu. Immer mehr spielte sich Indien als Großmacht auf und gängelte seine Nachbarn. Ein Beispiel war die Indira-Doktrin von 1983, die die Nachbarstaaten dazu verpflichtete, ausschließlich die Hilfe Indiens in Anspruch zu nehmen, sollte es zu internen Konflikten kommen. Andere Staaten sollten sich nicht einmischen dürfen. Die Selbstbestimmung der benachbarten souveränen Staaten wurde so untergraben.

Außenpolitisch geriet Indien in den späten 1980er Jahren in eine zunehmend isolierte Lage. In der Sowjetunion herrschte der Drang nach Aussöhnung mit China, statt der Stärkung Indiens, das ebenfalls ein Rivale Pekings war. Die USA hingegen verloren das Interesse an Pakistan als strategischem Bündnispartner, nachdem sich das Ost-West-Verhältnis zunehmend entspannte. Das Ende des Kalten Krieges verringerte zusätzlich die Bedeutung der Blockfreien Staaten. Die allgemeine Befriedung der globalen Sicherheitslage stand jedoch im Kontrast zu dem künftigen Weg Indiens. Denn die atomare Aufrüstung stand hier weiterhin im Fokus und der Atomwaffensperrvertrag wurde von Indien nicht ratifiziert. Das Ziel dahinter war offensichtlich: Indien wollte mehr Prestige in der Welt und den Weg zur Großmacht ebnen. Das sorgte in der Staatengemeinschaft durchaus für Irritationen. Nach indischen Atombombentests reagierte die USA mit Wirtschaftssanktionen, obwohl eigentlich eine Annäherung beider Nationen im Gange war.

Nach den Terroranschlägen von New York im Jahr 2001 und dem daraus resultierenden Kampf gegen den Terror kündigte Indien an, fortan auf Atomwaffentests zu verzichten und Atomwaffen nicht weiter zu verbreiten. Ein atomarer Erstschlag mit einer nuklearen Waffe wurde seitens Indiens kategorisch ausgeschlossen. Dies war ein Schachzug mit diplomatischer Weitsicht: Geschickt profilierte sich Indien als „Mächtige Macht, die auf ihre Macht verantwortungsbewusst verzichtet.“ Diese Selbstdarstellung verbesserte den Status Indiens in der Welt auf bemerkenswerte Weise. Der ehemalige US-Präsident George W. Bush bezeichnete Indien im März 2006 erstmals öffentlich als Großmacht. Die beiden Staaten schlossen ein Atomabkommen und erstmals nach über 30 Jahren wurde von den USA radioaktives Material zur zivilen Nutzung nach Indien verkauft. Eine Abkehr Indiens vom eigenen Atomprogramm gab es jedoch nicht.

Trotzdem verbesserten sich die Beziehungen zwischen Indien und den USA beachtlich. Die indische Wirtschaft wurde liberalisiert und das Land wurde ein bedeutender Handelspartner der USA. Zahlreiche amerikanische Firmen investierten zunehmend in den Standort Indien. Die indischstämmige Bevölkerung in den USA ist recht groß und viele indische Studenten verbringen dort Studienaufenthalte. Die USA sind ein beliebtes Auswanderungsziel, insbesondere für hoch qualifizierte Fachkräfte.

Auch die Beziehungen zu Russland verbesserten sich in den letzten Jahren. Das Verhältnis ist im Vergleich zu Zeiten der Sowjetunion jedoch nicht als ausgesprochen freundschaftlich zu bezeichnen. Ein historisches Problem belastete die Beziehungen bis in die 1990er Jahre: Indien hatte bei der Sowjetunion enorme Schulden angehäuft, die nun zu recht positiven Konditionen von Indien tilgbar waren. Eine Belastung war zunächst das indische Atomwaffenprogramm, das bei Russland für Irritation und Skepsis sorgte. Dennoch wurden mittlerweile Freundschaftsverträge sowie eine sogenannte „strategische Partnerschaft" abgeschlossen und Rüstungskooperationen intensiviert.

Seit Mitte der 1990er Jahre entspannt sich auch Indiens Verhältnis zu China. Die Volksrepublik war über Jahrzehnte ein bedeutender Rivale im Machtspektrum Indiens. Eine wichtige Basis für die Verbesserung des Verhältnisses war das 1993 ratifizierte Abkommen zur Entschärfung des Konfliktes an der indisch-chinesischen Grenze, das 1996 erneut bekräftigt wurde. Eine endgültige Lösung der Streitigkeiten um die Grenzziehung wird wohl in absehbarer Zeit nicht gefunden werden.

Für Unsicherheit sorgten weitreichende Kooperationen Chinas mit Pakistan, insbesondere in Rüstungsfragen. Außerdem installierten die Chinesen Raketenstellungen in Tibet und eine Marinebasis sowie Abhörstellungen in Myanmar. Indien reagierte und intensivierte die Beziehungen mit Vietnam. Trotz der eigentlich verbesserten Verhältnisse bleiben Indien und China große Konkurrenten im Großraum des indischen Ozeans. Innerhalb Indiens Sphäre des Machtanspruchs bleibt China die größte Bedrohung. Das ist auch der Grund, warum eine nukleare Abrüstung für Indien derzeit nicht in Frage kommt. Ausdrücklich wird bei solchen Fragen die mögliche Bedrohung durch die Volksrepublik genannt. Auf die Atomtests Indiens reagiert Peking mit größtem Protest. Denn auch China betrachtet Indien als großen Konkurrenten in Südasien. Durch die nukleare Aufrüstung konnte Indien seine Machtposition ausbauen, sehr zum Missfallen Chinas. Peking äußerte sich mehrfach negativ über Indiens Sitz im UN-Sicherheitsrat und missbilligt die bilateralen Beziehungen Indiens zu den USA. Es besteht die Befürchtung, dass sich die USA einen starken Verbündeten in der unmittelbaren Nachbarschaft aufbauen. Entsprechend unterstützt die chinesische

Regierung Indiens schärfsten Konkurrenten Pakistan in Rüstungsfragen. Gleichwohl nähern sich die Länder etwas an; das Handelsvolumen zwischen beiden Staaten wächst. Außerdem ist Peking dazu übergegangen, Indiens außenpolitisches Handeln grundsätzlich zu verurteilen, nur weil es sich eben um Indien handelt. China unterstützte lange Zeit den Standpunkt Pakistans in der Kashmirfrage deshalb, weil es sich um die Positionen eines Konkurrenten Indiens handelte. Davon ist die Führung Chinas mittlerweile abgerückt.

Im gesamten südasiatischen Raum tritt Indien gegenüber seinen kleineren Nachbarn als dominierende Großmacht auf. Das Eigenverständnis sieht dieses Verhalten explizit vor. Als Legitimation dient neben dem Besitz atomarer Waffen, die im Vergleich überlegene (konventionelle) militärische Schlagkraft, die Wirtschaftsleistung und die große Bevölkerung. Auch der geografische Faktor spielt eine Rolle: Indien besitzt die größte Landmasse im südlichen Asien. Als Resultat sind die Beziehungen zu den Nachbarn sehr eng, aber nicht zwangsläufig herzlich. Gibt es im außenpolitischen Bereich Uneinigkeiten mit den benachbarten Staaten, reagiert Indien oftmals recht harsch und verweist auf seine regionale Überlegenheit. Das Königreich Bhutan ist praktisch ein Satellitenstaat Indiens, ähnlich eng ist die Beziehung zu Nepal. Ermöglicht wurden diese Bindungen durch eine Vielzahl von Handels- und Schutzverträgen. Im Falle Nepals ist Indien die militärische Schutzmacht, was durch die Nähe zu China bzw. der autonomen Region Tibet besonders wichtig ist. Mit Bangladesh unterhielt die indische Regierung zunächst außerordentlich herzliche Kontakte. Schließlich war der nordöstliche Staat einst pakistanisches Gebiet und Indien maßgeblich an der Unabhängigkeit von Bangladesh beteiligt. Nach und nach kam es zu Konflikten, die beispielsweise durch die massiven Bewegungen von Flüchtlingen von Bangladesh nach Indien ausgelöst wurden. Ein weiteres belastendes Thema sind unklare Grenzziehungen. Ein schwerwiegendes Problem war der Bau des Farakka-Staudamms seitens Bangladeschs, der in den Jahren 1969 und 1970 fertiggestellt wurde. Der Damm leitet einen Teil des Wassers des Ganges um, das von indischen Landwirten dringend zur Bewässerung ihrer Felder benötigt wurde. Erst ein Vertrag zur Regelung der Verteilung des Gangeswassers konnte dieses Problem lösen.

Indien hat sich zudem zur regionalen Ordnungsmacht aufgeschwungen. Dies wurde im Falle des Bürgerkrieges in Sri Lanka von 1983 bis 2009 deutlich. Indien intervenierte 1987 militärisch. Begründet wurde dieser Eingriff durch die engen Beziehungen zwischen den Einwohnern Sri Lankas und den Einwohnern des indischen Bundesstaates Tamil Nadu. Die dortige Regionalregierung drohte eigenständig mit einem militärischen Eingriff in das Bürgerkriegsgeschehen. Die sri-lankische Regierung ersuchte ihrerseits jedoch militärischen Beistand bei den USA sowie Israel. Ein Umstand, den Indien als selbst erklärte Schutzmacht als nicht hinnehmbar betrachtete. Somit entsandte Indien eigenmächtig eine Friedenstruppe und übte politischen Druck auf Sri Lanka aus. Beides war nicht von Erfolg gekrönt: Die Kämpfe konnten durch indische Truppen nicht beendet werden. Auf Wunsch der sri-lankischen Regierung zogen sich die indischen Soldaten wieder zurück. Dies stellte für Indien einen erheblichen Verlust an Prestige dar. Die öffentliche Meinung sah die Grenzen der indischen Fähigkeiten als Schutzmacht erreicht.

Zu Deutschland bestehen herzliche Beziehungen. Nach der Gründung der Bundesrepublik Deutschland war die

Republik Indien einer der ersten Staaten, die die Bundesrepublik diplomatisch anerkannte. Insbesondere beim Thema Handel herrschen enge Beziehungen. Deutschland ist innerhalb der Europäischen Union Indiens wichtigster Handelspartner, ein bedeutender Berater in Wirtschaftsthemen und leistet Entwicklungshilfe. Besonders wichtig ist hier beispielsweise die „Agenda für die Deutsch-Indische Partnerschaft im 21. Jahrhundert" zu nennen, eine Erklärung, die im Mai 2000 verabschiedet wurde und die Rahmenbedingungen für eine intensive Partnerschaft festlegte. Mehrere Schwerpunkte wie Energieeffizienz und Umweltschutz beherrschen den Dialog. Außerdem werden wirtschaftliche Projekte wie die Gründung von indischen Unternehmen unterstützt.

- Kapitel 3 -

DIE INDISCHE WIRTSCHAFT

Die indische Volkswirtschaft wächst stetig und effizient. Das Bruttoinlandsprodukt (BIP) betrug nach einer Schätzung des Internationalen Währungsfonds im Jahre 2019 2.256 Milliarden US-Dollar. Somit bekleidet Indien in Bezug auf die Höhe des BIP im internationalen Vergleich den fünften Rang hinter den USA, China, Japan und Deutschland. Indien konnte ein höheres BIP erwirtschaften als führende Industrienationen wie Großbritannien, Russland oder Frankreich. Im gleichen Jahr wuchs die Wirtschaft um 4,04 Prozent, beim Konkurrenten China waren es 6,1 Prozent.

Per Definition ist die Wirtschaft Indiens eine gelenkte Planwirtschaft. Demzufolge ist der Einfluss auf den Markt groß. Insbesondere der Binnenmarkt wurde in den Jahrzehnten vor 1990 stark durch die Regierung reguliert. Dies sollte den Inlandsmarkt vor Konkurrenz aus dem Ausland schützen, hatte jedoch ein geringeres Wirtschaftswachstum, als es heute der Fall ist, zur

Folge. Seit den 1990ern wurde der Einfluss des Staates mehr und mehr reduziert. Nach der Regierungszeit Chandra Shekhars setzte eine Neuorientierung der Wirtschaft ein. Strukturelle Defizite wurden als Hemmnis gesehen, somit wurde seitens der Regierung damit begonnen, die Wirtschaft zu liberalisieren und sich von der strikten Planwirtschaft abzuwenden. 1992 wurde ein Fünfjahresplan unter Premierminister P. V. Narasimha Rao verabschiedet. Eine Hürde, die es zunächst zu überwinden galt, waren die Auswirkungen einer vorangegangenen Wirtschaftskrise. Indien hatte sich in den Vorjahren massiv verschuldet. Um diesem Problem Herr zu werden, wurden beispielsweise Subventionsprogramme gestoppt und die staatlichen Ausgaben drastisch reduziert. Außerdem wurde der Außenhandel reformiert und schrittweise für den Weltmarkt geöffnet. Zölle und Tarife zur Einfuhr von Waren wurden gesenkt. Die Exportquote stieg zusätzlich durch eine Abwertung der indischen Rupie um etwa 20 Prozent. Von der gelenkten Regulierung des Binnenmarktes wurde abgewichen. Zunehmend wurde es privaten Unternehmern ermöglicht, Zugang zu Wirtschaftsbranchen zu erhalten, die vormals vollständig in staatlicher Hand waren, so zum Beispiel im Banken- und Finanzwesen. Investoren wurde es zudem erstmals ermöglicht, ausländische Kredite in Anspruch zu nehmen und bürokratische Hürden bei der Gründung eines Unternehmens wurden herabgesetzt. Die Landwirtschaft blieb von den Reformen zunächst unberührt. Schrittweise wurden auch in diesem Sektor die produzierenden Unternehmen rapide privatisiert. Innerhalb des Fünfjahresplans von 1992 bis 1997 gelang so ein Wirtschaftswachstum von 5,4 bis 8,0 Prozent pro Jahr. 1991 betrug das Wachstum nur 1,4 Prozent.

Ein Hauptinitiator von Wirtschaftsreformen war Manmohan Singh, der von 2004 bis 2014 das Amt des Premierministers bekleidete. Nach wie vor hatte die Regierung mit einem hohen Haushaltsdefizit zu kämpfen, das teilweise bis zu zehn Prozent des BIP ausmachte, so zum Beispiel in den Jahren 2009/2010. Dennoch wuchs unter Singh die Wirtschaft, insbesondere der Industriesektor und die Dienstleistungsbranche. Und trotzdem bleibt Indien ein landwirtschaftlich geprägtes Land. Etwa zwei Drittel aller Erwerbstätigen verdienen ihr Geld im Agrarsektor, einer Branche, deren Effizienz durch den Monsun starken Schwankungen unterliegt.

DIE INDISCHE RUPIE

Die indische Rupie ist eine Währung mit einer langen Tradition. Ihre Einführung wird auf das Jahr 1526 datiert, damals hieß die Währung noch Rupya und war eine Silbermünze. 1612 erhielt die Münze den Namen Rupie. Erste Banknoten kamen im 18. Jahrhundert hinzu. 1825 wurde das britische Pfund die flächendeckende Währung in Indien, die sich jedoch nicht wirklich durchsetzen konnte. Die Rupie blieb nach wie vor und zu jeder Zeit Zahlungsmittel Nummer eins.

Ein großes Problem war (und ist) in Indien die massenhafte Hortung von Bargeld in Privathaushalten. Dies war einer der Gründe, warum sich der Premier Narendra Modi im November 2016 dazu veranlasst fühlte, alle 500 und 1.000 Rupien Scheine einzuziehen. Innerhalb von 50 Tagen hatte die Bevölkerung die Möglichkeit, diese alten Scheine gegen neue Noten einzutauschen. Geschehe dies nicht, würden die alten Banknoten unwirksam und somit wertlos. Auch der Kampf gegen Korruption und Geldwäsche wurde als Argument vorgebracht. Der Bargeldtausch endete in einem Desaster. Geldautomaten und Banken konnten nicht rechtzeitig mit den neuen Scheinen beliefert werden. Kurz gesagt wurde Bargeld zur Mangelware. Vor den Banken bildeten sich lange Schlangen, mitunter musste mehrere Stunden auf Bargeld gewartet werden. Die Zustände wirkten anarchisch: In den Warteschlangen starben 70 Menschen. Das Wirtschaftswachstum sank in der Folge um ein Prozent, der Regierung wurde ein Versagen auf ganzer Linie vorgeworfen. Als Konsequenz trat der Direktor der Zentralbank zurück.

Zu diesem Zeitpunkt hatten über 700 Millionen Inder kein Bankkonto. Gerade die ländliche Bevölkerung traf die Reform der Banknoten hart: Mit den Scheinen wurden Tagelöhner bezahlt und eine Möglichkeit des Umtausches war gerade auf dem Land nicht gegeben. Somit wurden die Arbeiter mit Banknoten bezahlt, die in Kürze wertlos wurden. Dies wollten die Beschäftigten nicht hinnehmen und in der Folge wurde die Arbeit niederlegt und die Felder wurden nicht mehr bestellt. Um der Währungskrise Herr zu werden, eilte das Ausland zur Hilfe. Der damalige US-Präsident Barack Obama unterstützte die indische Regierung im Rahmen der „strategischen Partnerschaft“. Als Teil dieser Partnerschaft wurde vereinbart, auf dem Gebiet der Atomenergie zusammen zu arbeiten und es wurden die Grundlagen für tiefere Wirtschaftskooperationen geschaffen.

Die indische Rupie ist auch in weiteren Ländern ein gängiges Zahlungsmittel, darunter vor allem in den kleinen Nachbarstaaten Bhutan und Nepal. Ein Euro wird in etwa in 88 Rupien getauscht. (Stand: Juni 2021).

INDIENS LANDWIRTSCHAFT

Etwa zwei Drittel der erwerbstätigen Inder arbeiten im landwirtschaftlichen Sektor. Die meisten davon sind Kleinbauern oder Selbstversorger. Laut Angabe der Weltbank leben die meisten Inder in kleinen Dörfern, von denen es auf das ganze Land verteilt knapp 650.000 gibt. Das entspricht etwa 860 Millionen Menschen, die von der Landwirtschaft leben und sich durch sie ernähren. Wie erwähnt machen die widrigen Witterungsverhältnisse in großen Teilen Indiens die Arbeit der Bauern sehr schwer. Während in Monsunzeiten Wasser im Überfluss vorhanden ist, verdorren während den langanhaltenden Trockenzeiten die Feldfrüchte. Schon in den 1960er Jahren reagierte die Regierung auf diese Herausforderung. Die Bauern stiegen vermehrt auf schnell wachsende Getreidesorten und insbesondere Reis um. Heute ist Indien weltweit der zweitgrößte Reisproduzent nach China. Insgesamt knapp 25 Prozent der globalen Reisproduktion stammt aus Indien. Weitere wichtige Anbauprodukte sind Öl- und Hülsenfrüchte, Kartoffeln und verschiedene Obstsorten. Wichtig für den Export ist der Anbau von Kaffee, Tee, Jute, Raps, Erdnüssen,

Zuckerrohr, Baumwolle sowie Gewürzen. Die Viehzucht wurde vernachlässigt. Schlachtvieh wird kaum produziert. Andererseits besteht ein großer Markt für Molkereierzeugnisse. Auch wenn bisweilen gigantische Mengen landwirtschaftlicher Erzeugnisse produziert wurden, war die Produktivität gering und im globalen Vergleich rückständig und kaum wettbewerbsfähig. Die Weiterverarbeitung der Produkte findet nur unzureichend statt. So schätzten Beobachter der Vereinten Nationen, dass 40 Prozent der Feldfrüchte aufgrund mangelnder Kapazitäten zur Kühlung und nicht vorhandener Verpackungsmaterialien ungenießbar werden.

EXKURS: DIE BEDEUTUNG DER KUH IN INDIEN

Die Kuh ist im Hinduismus ein heiliges Tier. Das liegt zum einen daran, dass Gottheiten oft die Gestalt einer Kuh annehmen. So ist es ist den Mythen dargestellt. Zum anderen soll der Gott Krishna bei Kuhhirten aufgewachsen sein. Die Mutter aller Kühe namens Kamadhenu ist im Glauben ebenfalls wichtig. Grundsätzlich gilt: Kühe sind heilig und somit unantastbar. Und wer eine Kuh tötet, gilt als Mörder. Schließlich geben Kühe die „Fünf heiligen Gaben", nämlich Butter,

Milch, Joghurt, Mist und Urin. Und das bedeutet, dass eine Kuh auch wirtschaftlich genutzt werden darf. Molkereiprodukte sind beliebt und die Branche für die indische Wirtschaft sehr bedeutsam.

Anders verhält es sich mit dem Fleisch. Rindfleisch ist bei Hindus als Nahrungsmittel nicht erlaubt. Traditionell hat der Besitzer das Tier bis an sein Lebensende zu pflegen und zu füttern. In der Praxis sieht das anders aus. Oft werden die Kühe im höheren Alter, also wenn sie keine Milch mehr geben, an Muslime verkauft und geschlachtet. Auch Dalits sind nicht diesem Nahrungsmitteltabu unterworfen. Als Resultat dieser Verehrung leben viele Hindus vollständig vegetarisch.

In 2020 wurde eine umfassende Reform unter dem Slogan „One India, One agricultural market" durchgeführt. Angesichts der schwankungsanfälligen Landwirtschaft war die Reform dringend nötig. Die Reform liberalisiert den landwirtschaftlichen Markt. Somit wurde weiter von der ursprünglichen Planwirtschaft abgerückt. Landwirte können sich nun individueller aussuchen, welche Pflanzen sie anbauen und an wen sie sie verkaufen möchten. Landwirte können auf direktem Wege Verträge mit Exporteuren und Großhändlern abschließen. Dass die indische Landwirtschaft dringend reformbedürftig ist und war, zeigte sich an der Konkurrenz durch den Industrie- und den Dienstleistungssektor. 2019 machte der Agrarsektor nur noch 16 Prozent des BIP aus. Dies steht im Widerspruch zu den Beschäftigungszahlen in landwirtschaftlichen Betrieben. 1991 betrug der Anteil der Landwirtschaft laut Weltbank am BIP noch 27 Prozent.

INDIENS AUßENHANDEL

Indien hat ein Außenhandelsdefizit. 2020 wurden Waren im Wert von 368 Milliarden US-Dollar eingeführt und Waren im Wert von 276 Milliarden US-Dollar ausgeführt. Dies bedeutet ein Defizit von 92 Milliarden US-Dollar. Dieses Minus sinkt jedoch beständig. 2018 betrug der Saldo noch -185 Milliarden US-Dollar, 2019 waren es -155 Milliarden US-Dollar. Bei den eingeführten Gütern macht Erdöl mit 17,5 Prozent der gesamten Importe den weitaus größten Posten aus. Weitere wichtige Güter sind chemische Erzeugnisse (14,6 Prozent), Elektronik (10,6 Prozent), Maschinen und Maschinenteile (7,3 Prozent), Gold (6 Prozent), Nichtmetallische Mineralien (5,2 Prozent), Kohle (4,5 Prozent), Gas (4,1 Prozent) und Elektrotechnik (3,4 Prozent).

Wichtige Exportgüter sind: Chemische Erzeugnisse (19,2 Prozent des gesamten indischen Außenhandelsaufkommens), Nahrungsmittel (11,3 Prozent), Textilien bzw. Bekleidung (10,2 Prozent), petrochemische Erzeugnisse (9,5 Prozent), Nichtmetallische Mineralien (7,4 Prozent), Maschinen und Maschinenteile (7,2

Prozent), Eisen und Stahl (4,6 Prozent), Kfz und Kfz-Teile (4,5 Prozent) und Elektrotechnik (2,6 Prozent).

Mit Abstand wichtigster Importpartner ist China. 16 Prozent aller importierten Waren stammen aus der Volksrepublik. Weitere wichtige Einfuhrländer sind die USA (7,2 Prozent aller Importe), die Vereinigten Arabischen Emirate (6,5 Prozent), Saudi-Arabien (4,8 Prozent), Irak (4,4 Prozent), Hongkong (4,0 Prozent, separat von China betrachtet, da chinesische Sonderverwaltungszone) und Singapur (3,3 Prozent). Der wichtigste Abnehmer indischer Waren sind die USA (17,9 Prozent), gefolgt von China (6,9 Prozent), den Vereinigten Arabischen Emiraten (6,5 Prozent), Hongkong (3,3 Prozent), Singapur (3,0 Prozent) und Bangladesh (2,9 Prozent).

Das Import- und Exportverhältnis mit den Staaten der EU ist praktisch ausgeglichen. 2020 wurden Waren im Wert von 33 Milliarden Euro aus der EU ausgeführt, während Waren im Wert von 32,2 Milliarden Euro eingeführt wurden. Zuletzt ging das Volumen der Exporte und Importe zurück.

Innerhalb der EU ist Deutschland ein wichtiger Handelspartner Indiens. 2020 betrug der Wert der eingeführten indischen Güter nach Deutschland 8,9 Milliarden Euro. Nach Indien wurden Waren im Wert von 10,7 Milliarden Euro ausgeführt. Die für den Handel bedeutendsten Einfuhrgüter aus Indien sind chemische Erzeugnisse (25,1 Prozent der gesamten Importe), Textilien bzw. Bekleidung (19,3 Prozent), Maschinen und Maschinenteile (9,9 Prozent), Nahrungsmittel (5,7 Prozent), Elektrotechnik (4,4 Prozent), Metallwaren (4,1 Prozent), Schuhe (3,7 Prozent), Elektronik (3,6 Prozent) sowie Kfz und Kfz-Teile (2,9 Prozent).

Die wichtigsten deutschen Exportgüter sind Maschinen und Maschinenteile (24,6 Prozent), Fahrzeuge (20,5 Prozent), Chemische Erzeugnisse (19,6 Prozent), Elektrotechnik (7,6 Prozent), Mess- und Regeltechnik (6,4 Prozent) sowie Kfz und Kfz-Teile (2,9 Prozent). Auf der Rangliste der wichtigsten deutschen Einfuhren steht Indien auf Rang 25 (von 239), bei den Ausfuhren auf Rang 23.

EXKURS: DIE APOTHEKE DER WELT

Auffällig bei der Betrachtung der importierten und exportierten Güter ist der hohe Anteil von chemischen Erzeugnissen. Indien erzeugt und exportiert Zwischenprodukte aber auch fertige

Arzneimittel sowie einzelne Wirkstoffe. Auch wenn die Pharmaindustrie in Indien kräftig boomt, werden kritische Stimmen immer lauter. Die kommen vor allem aus den USA. Denn die Standards zu klinischen Studien und Freigaben entsprechen nicht immer westlichen Standards. Vorteile hat der Standort dennoch: Bei AIDS-Präparaten zum Beispiel, bei denen verschiedene Wirkstoffe kombiniert werden, auf die in westlichen Nationen verschiedene Unternehmen Patentrechte besitzen. In Indien wird das Patentrecht eher lax gehandhabt. Kurzum setzt man sich über bestehendes Recht schlicht hinweg und erfindet Wirkstoffe „neu". Selbstverständlich handelt es sich hier um schlichte Imitationen, was jedoch nicht heißen soll, dass die Präparate wirkungslos sind.

DIENSTLEISTUNGSLAND INDIEN

Geht es um Dienstleistungen, ist Indien eine echte Supermacht. Die Branche boomt wie fast nirgendwo sonst auf der Welt. Der Dienstleistungssektor macht 48 Prozent des gesamten BIPs aus. Gerade in der IT-Branche boomt das Land. Es wurden im Jahr 2019 Einnahmen von 180 Milliarden US-Dollar generiert. Insbesondere im Exportbereich konnte Indien in den letzten Jahren massiv punkten. Etwa ein Drittel des gesamten Umsatzes wird im Ausland generiert. Nicht umsonst wird Indien als Backoffice der gesamten Erde bezeichnet. Rund 66 Prozent der exportierten Dienstleistungen werden in den USA abgerufen. Jährlich wächst die Branche um rund 13 Prozent und fast 4,5 Millionen Inder arbeiten in der IT-Branche. Mittlerweile gibt es rund 16.000 IT-Firmen, die Tendenz ist steigend. Schon jetzt ist die IT-Branche in Indien doppelt so groß, wie die Deutsche. Der Hauptvorteil der indischen Dienstleistungen ist, dass sie kostengünstig und gleichzeitig effizient sind. Viele westliche Firmen lagern Servicedienstleistungen nach Indien aus. Deshalb es ist es für amerikanische Anrufer nicht ungewöhnlich in einem Callcenter in Delhi oder Bangalore zu landen. Der Grund, warum Indien hier vielen globalen Konkurrenten die Stirn bieten kann, ist bereits in der 1980ern zu finden. Der Import von Computern wurde durch die Regierung nicht reglementiert. Die drei bedeutendsten Softwarefirmen in Indien sind heute TCS (Tata Consultancy Services), WIPRO (Wipro Technologies) sowie INFOSYS (Infosys Technologies):

- Die global agierende Firma TCS (Tata Consultancy Services) hat ihren Sitz in Mumbai und erzielt pro Jahr 19,1 Milliarden US-Dollar Umsatz (Geschäftsjahr 2019). Das Hauptgeschäftsfeld umfasst u.a. Beratungstätigkeiten, Qualitätssicherung und die Bereitstellung von IT-Services. TCS unterstützt Firmen beim Big Data-Management, bei Cloud Services, SAP-Services und entwirft Tools und Apps für soziale Netzwerke. TCS ist strategischer Partner einer Vielzahl bedeutender Unternehmen wie Apple, Oracle, Siemens, IBM und Microsoft. Des Weiteren beteiligt sich TCS an Forschungsprojekten und arbeitet beispielsweise mit der Fraunhofer-Gesellschaft zusammen. Die deutsche Niederlassung befindet sich in Frankfurt am Main, eine weitere Außenstelle wird in Düsseldorf unterhalten. Ein wichtiger Partner in Deutschland ist die Deutsche Lufthansa. Weltweit arbeiten etwa 450.000 Menschen für TCS.

– Wipro (Wipro Technologies) wurde 1945 gegründet und produzierte ursprünglich Pflanzenöle. Heute ist die Firma mit Sitz in Bangalore einer der führenden Anbieter von IT-Beratung und im Feld der Systemintegration. Jährlich generiert das Unternehmen einen Umsatz von etwa 7,8 Milliarden US-Dollar (2020). Weltweit ist Wipro der siebtgrößte IT-Service Provider und das drittgrößte börsennotierte Unternehmen in Indien. Das Unternehmen florierte seit den 2000er Jahren derart, dass eine Studie zu einem interessanten Ergebnis kam: Wipro war für die indische Gesellschaft der größte Erzeuger von Wohlstand innerhalb von fünf Jahren (1997 bis 2002).

– Infosys hat ebenfalls seinen Sitz in Bangalore und ist einer der größten Softwareentwickler Indiens. Das Unternehmen unterhält Niederlassungen auf jedem Kontinent, hat insgesamt 228.000 Mitarbeiter und erzielt jährlich einen Umsatz 11,9 Milliarden US-Dollar (2019). Infosys wurden 1981 von sechs IT-Spezialisten mit einem Startkapital von 250 US-Dollar gegründet. Die Firma wurde mit der Organisation der indischen Volkszählung im Jahre 2010 beauftragt, die ein Jahr später ebenfalls von Infosys ausgewertet wurde. Das war bisher die größte digital durchgeführte Volkszählung der Welt.

EXKURS: DIE VOLKSZÄHLUNG DES JAHRES 2010

Als im Jahre 2010 alle Inder registriert werden sollten, geschah dies für den Großteil der Bevölkerung auf ungewohnte Weise. Während die Inder eigentlich Fragebögen der Behörden gewohnt sind, scannte diesmal das Unternehmen Infosys die Iris der Gezählten und nahm Fingerabdrücke. Nach der Registrierung gab es eine Nummer; eine Vorgehensweise, mit der viele Inder nichts anfangen konnten. Während der Zählprozedur, bei der etwa 2,7 Millionen Helfer von Haus zu Haus gingen, wurde ein Tabu gebrochen. Denn auch die Kastenzugehörigkeit wurde amtlich erfasst. Dies gilt seit der Unabhängigkeit des Landes als absolutes No-Go. Entsprechend hoch war die öffentliche Empörung und die Kritik gegenüber der Zählmethode. Die Volkszählung wurde trotzdem erfolgreich zu Ende geführt.

Neben den Dienstleistungen im IT-Bereich boomt Indien auch im Forschungs- und Entwicklungsbereich. Große Firmen wie Texas Instruments unterhalten große Research-and-Development-Zentren in Indien. Bereits 2015 hatten sich etwa 700 ausländische Research-and-Development-Firmen in Ballungszentren wie Bangalore niedergelassen.

DIE ENERGIEWIRTSCHAFT INDIENS

Mit der steigenden Bevölkerungszahl steigt auch der Energiehunger des Landes und somit der Verbrauch. Mit der Aufgabe, ein flächendeckendes Stromnetz aufzubauen, waren die Behörden bislang nicht erfolgreich. Noch immer gibt es Dörfer, die überhaupt nicht an das Stromnetz angeschlossen sind. Ebenfalls sind manche Siedlungen nur tagsüber mit Strom versorgt. Die Bundesstaaten sorgen für den Unterhalt der Stromnetze. Die Stromversorgung an sich steht unter staatlicher Hand, die Erzeugung ist hingegen privatwirtschaftlich. Die staatliche Central Electricity Regulatory Commission koordiniert dieses System. Jeder Bundesstaat kann selbst entscheiden, wie viel der Strom zu kosten hat und wie er erzeugt wird. Deshalb gibt es regional erhebliche Unterschiede. Grundsätzlich wird ein großer Teil des Stroms mit umweltschonenden Verfahren generiert. Indien ist hinter China, den USA und Deutschland der viertgrößte Produzent von Strom aus Windkraft. Etwa 35 Gigawatt werden in Indien durch Windkraft produziert. Auf Platz zwei rangiert die Solarenergie mit 25 Gigawatt. Dies klingt zwar viel, dennoch sinkt der Anteil des Stroms, der durch erneuerbare Energien gewonnen wird, stetig. Zu groß ist der Energiebedarf. Um diesen zu stillen, macht weiterhin die Stromproduktion durch die Verbrennung von fossilen Brennstoffen den höchsten Anteil aus. Über 50 Prozent des indischen Stromverbrauchs werden durch Kohle- und Gaskraftwerke gedeckt. Die Tendenz ist steigend. Entsprechend steigt auch der Ausstoß an CO^2: 2016 wurden in Indien 2,16 Milliarden Tonnen CO^2 ausgestoßen. 1,52 Milliarden Tonnen stammen in dieser Rechnung aus der Verbrennung von Kohle. Um das Jahr 2000 betrug der Ausstoß nur 1 Milliarde Tonnen.

GOLD, ERZE, METALLE UND MEHR

Indien ist ein Land mit einem großen Vorkommen an Bodenschätzen. Besonders Eisenerze, Chrom, Bauxit und Steinkohle sind auf dem Subkontinent reichlich zu finden. Im Jahr 2003 förderte das Land stolze 100 Millionen Tonnen Eisenerz, was das Land zum viertgrößten Förderer weltweit machte. Auch der Bauxitförderung kommt große Bedeutung bei. Pro Jahr fördert das Land etwa 10 Millionen Tonnen, des wichtigsten Rohstoffs zur Aluminiumherstellung. Das macht Indien zum fünftgrößten Förderer von Bauxit weltweit. Die an sich reichlich vorhandene Steinkohle ist zwar Indiens wichtigster fossiler Brennstoff, dennoch wird ein wesentlicher Teil weiterhin importiert. Dies liegt zum einen an der vergleichsweise minderwertigen Qualität der indischen Kohle, zum anderen am günstigeren Preis eingeführter Kohle. Öl- und Erdgas sind zwar vorhanden, reichen aber bei weitem nicht aus, um den Bedarf zu decken. Mit dem vorhandenen Erdöl kann rund ein Drittel der inländischen Nachfrage bedient werden, die Bedeutung des Erdgases ist noch geringer. Lagerstätten von Erdöl befinden sich im Bundesstaat Assam, in Gujarat, im Golf von Khambhat und vor der Küste Maharashtras.

Die größten Rohstoffvorkommen liegen im östlichen Teil Indiens. Bedeutende Lager von Eisenerz gibt es in Chhattisgarh, Jharkhand, und Odisha sowie in Tamil Nadu, Goa und Karntanak.

Obwohl sich diese Zahlen im Vergleich mit Konkurrenten wie China eher nüchtern lesen, ist Indien keinesfalls im internationalen Wettbewerb abgehangen. Im Gegenteil: Bereits 2012 betrug der Gewinn, den Indien mit dem Abbau von Bodenschätzen erwirtschaftete, rund 29 Milliarden Euro, eine Steigerung von zwölf Prozent im Vergleich zum Vorjahr.

INDIENS BANKEN UND BÖRSEN

Die mit Abstand größte Bank Indiens ist die State Bank of India (SBI), die – wie der Name bereits vermuten lässt – Eigentum des Staates ist. Im Jahr 2020 war die Bank laut der Fortune Global 500 Liste, die die 500 bedeutendsten Banken weltweit auflistet, auf Platz 43. Jeder vierte Kredit, der in Indien abgerufen wird, stammt von der SBI. Die Hauptzentrale sitzt in Mumbai, insgesamt etwa 250.000 Mitarbeiter arbeiten für die SBI, die jährlich Umsätze in Höhe von rund 43,7 Milliarden Dollar generiert. Die Staatsbank unterhält etwa 24.000 Filialen im Land, was im Anbetracht der Bevölkerungsgröße wenig wirkt. Hinzu kommen etwa 30.000 Bankautomaten. Auch im Ausland ist die Bank aktiv. Weltweit gibt es 191 Auslandsfilialen in 36 Ländern (Stand: 2015). Die SBI besitzt Tochtergesellschaften in Kanada, Australien, Bangladesch, China, Bahrain, Botswana, Großbritannien, Nepal, Südkorea, Südafrika, Sri Lanka und Mauritius. Weitere bedeutende Banken sind die HDFC Bank, die ICICI Bank, die Housing Developement Finance Cooperation und die Axis Bank.

Gerade im ärmeren Teil der indischen Bevölkerung spielen auch Mikrokredite, die von Banken oder Nichtregierungsorganisationen vergeben werden, weiter eine wichtige Rolle in der Wirtschaftsförderung.

Geht es um den Wertpapierhandel, spielen in Indien zwei Börsen eine bedeutende Rolle: Die Bombay Stock Exchange (BSE) und die National Stock Exchange (NSE). Die Börse BSE in Mumbai wurde bereits 1875 gegründet und gilt als die älteste Asiens. Der wichtigste und bekannteste Indexwert der BSE trägt den Namen BSE Sensex, die 30 wichtigsten Unternehmen sind hier indiziert. Im September 2021 betrug die Marktkapitalisierung etwa 3,6 Billionen US-Dollar. Die jüngere der beiden Börsen, die NSE, hat ihren Sitz ebenfalls in Mumbai. Bedeutendster Index ist hier der S&P CNX Nifty, kurz Nifty 50 genannt. Die Bezeichnung geht auf die Anzahl der indizierten Unternehmen zurück. 50 Firmen aus 21 Branchen sind hier gelistet.

INDIEN UND DER KLIMAWANDEL

Auch auf dem indischen Subkontinent wird der Klimawandel deutlich. Im Mittel stieg die Durchschnittstemperatur zwischen 2010 und 2019 um 0,36 Grad Celsius. Dieser Wert liegt im globalen Vergleich zwar unterdurchschnittlich, dennoch verzeichneten Meteorologen in diesem Jahrzehnt zahlreiche neue Höchstwerte. Die 2010er Jahre war die heißeste Dekade seit Beginn der Wetteraufzeichnungen (in Indien 1901). So wurden erstmals Temperaturen über 51 Grad Celsius gemessen. Die Auswirkungen zeigen sich bereits im Alltag der Menschen. In 2019 starben etwa 1.500 Menschen an den unmittelbaren Folgen des Klimawandels und begleitenden Extremwetterereignissen wie Hitzewellen, Überschwemmungen und Stürmen. Zyklone und andere Stürme sowie heftige Regenfälle zur Monsunzeit sind in Indien normal, doch die Intensität hat sich verstärkt. Während manche Regionen unter massiven Überflutungen zu leiden haben, mangelt es in anderen Gegenden an Trinkwasser. Die Wasserknappheit im Land ist dramatisch. Im Jahr 2019 musste in Chennai, einer Metropole mit rund fünf Millionen Einwohnern, die Bevölkerung durch Tanklaster mit Trinkwasser versorgt werden. Der künstlich angelegte See, der ursprünglich die Wasserversorgung der Region sicherstellen sollte, war zu diesem Zeitpunkt völlig ausgetrocknet. Premierminister Narendra Modi versprach, bis 2024 allen Einwohnern eine Möglichkeit zum Zugang zu sauberem Trinkwasser zu garantieren.

Neu-Delhi wurde von der Weltgesundheitsorganisation als schmutzigste Metropole der Welt eingestuft. Über der Stadt hängt an den meisten Tagen eine Smog-Haube und viele der Einwohner leiden unter Erkrankungen der Atemwege. Hauptverursacher der Luftverschmutzung sind neben der Energieerzeugung und der Industrie der Verkehr. Auf den Straßen Neu-Delhis sind rund 7,5 Millionen Autos und Mopeds unterwegs. Auch die Verbrennung von Müll auf den Deponien ist ein großer Faktor sowie die intensive Nutzung von Holz als Brennstoff.

Die Gewässerverschmutzung ist hoch. Die Industrie und auch die privaten Haushalte leiten ihre Abwässer ungeklärt in Seen, Flüsse und in den indischen Ozean, darunter auch viele Chemikalien. Der Ganges ist nach dem Jangtse in China der zweitdreckigste Fluss der Erde. Pro Jahr werden 115.000 Tonnen Plastik im

Ganges entsorgt, der in den Golf von Bengalen mündet und somit in den Indischen Ozean.

Auch eine weitere Erwärmung ist ein Problem. Viele indische Flüsse werden von Gletschern im Himalaja-Gebirge gespeist. Schmelzen diese vollständig ab, dann droht die Gefahr, dass diese Flüsse austrocknen, die die Lebensader der Landwirtschaft insbesondere im nördlichen Indien sind.

Obwohl die Herausforderung des Klimawandels Indien stark belastet, sinkt der CO^2-Ausstoß im Land nicht. Im Gegenteil: Mittlerweile (Stand 2021) ist Indien weltweit zum drittgrößten Emittenten von Kohlendioxid geworden. Der Ausstoß steigt kontinuierlich, was im Gegensatz zu den etablierten Wirtschaftsnationen innerhalb der Europäischen Union, den USA, aber auch zu Russland steht. Eine weitere Ausnahme bildet China, dessen CO^2 Emissionen ebenfalls steigen und um ein Vielfaches den Ausstoß der Treibhausgase Indiens übertreffen. 2018 emittierte die Volksrepublik 11.256 Millionen Tonnen Kohlendioxid, gefolgt von den USA mit 5.272 Millionen Tonnen CO^2 im gleichen Jahr. Den bereits erwähnten dritten Rang weltweit belegt Indien mit 2.622 Millionen Tonnen. Zum Vergleich: Deutschland liegt auf dem fünften Platz mit

753 Millionen Tonnen Kohlendioxid, die pro Jahr in die Atmosphäre gelangen. In den Top 10 der Energieunternehmen, die weltweit den höchsten jährlichen Ausstoß generieren, ist mit dem Konzern National Thermal Power ebenfalls ein indisches Unternehmen zu finden. Der durchschnittliche Pro-Kopf Ausstoß von umweltgefährdenden Treibhausgasen beträgt pro Jahr 1,7 Tonnen. Zum Vergleich: In den USA beträgt der Pro-Kopf-Ausstoß 17 Tonnen. Dies ist zwar zehnmal mehr als der Pro-Kopf-Ausstoß in Indien, dennoch bekommt diese Zahl eine besondere Brisanz durch Indiens hohe und ständig wachsende Bevölkerung.

Angesichts der dramatischen Auswirkungen des Klimawandels gibt sich Indiens Regierung durchaus gewillt, die jährliche Emission zu reduzieren. So soll der Ausstoß von CO^2 unter Berücksichtigung des Wirtschaftswachstums reduziert werden. Im Grunde ist dies jedoch ein „Klimaschutz light“, wenn überhaupt. Da die Wirtschaft solide wächst, würde sich sich so der absolute CO^2 Ausstoß vermutlich nicht verringern. Selbst China zeigt sich zumindest in der Öffentlichkeit ambitionierter. Beide Nationen fürchten bei konsequenteren Maßnahmen zum Schutz der Umwelt negative Auswirkungen auf den derzeitigen Aufschwung der Wirtschaft. Selbstbewusst setzt Indien die Prioritäten: Statt des Umweltschutzes habe die Bekämpfung der Armut im Land Vorrang. Ohne weitere Kraftwerke, die durch die Verbrennung fossiler Brennstoffe Strom produzieren, sei dieses Vorhaben nicht möglich. So kündigte die indische Regierung zwar die Förderung regenerativer Alternativen wie Wind- und Wasserenergie an, baut im Gegenzug aber immer mehr Kohlekraftwerke. Die Nutzung von Kohle zur Energiegewinnung ist die mit Abstand günstigste. Eine verbindliche Obergrenze zum CO^2-Ausstoß pro Jahr wollte die Regierung über viele Jahre nicht akzeptieren.

EXKURS: DER HEILIGE FLUSS

Der Ganges ist den Hindus heilig und wird als Personifikation der Gottheit Ganga betrachtet. Viele hinduistische Inder möchten am Ganges sterben oder ihre Asche im Fluss verstreut wissen. Ein Bad im Wasser des Ganges gilt als heilig. Eines ist sicher: Das Bad im Ganges ist gefährlich, das Trinken des Wassers kann tödlich enden. Die Belastung mit E.Coli-Bakterien ist um den Faktor

2.000 höher als der (eigentlich) zulässige Höchstwert. Es besteht die Gefahr, sich mit Cholera und Typhus anzustecken. Des Weiteren gibt es eine massive Konzentration von Arsen, Blei, Quecksilber und Cyanid. Im Jahre 1985 startete die Regierung ein Programm zur Bekämpfung der Verschmutzung im Ganges, das aufgrund von Unterfinanzierung aber kläglich scheiterte.

TOURISMUS IN INDIEN

Der Tourismus in Indien boomt. Im Jahre 2017 wurde erstmals die wichtige Schwelle von 15 Millionen ausländischen Besuchern geknackt. Von besonderem Interesse für Touristen sind vor allem die vielfältige Kultur und religiöse Stätten wie das Taj Mahal. Ein wichtiges Feld ist ebenfalls der Medizintourismus. Insbesondere aus der westlichen Welt reisen Menschen gezielt nach Indien, um sich einer medizinischen Behandlung zu unterziehen. Oftmals sind die dortigen Behandlungen günstiger als im Ursprungsland oder die örtlichen Mediziner bedienen sich alternativer Heilmethoden. Diese Praxis der bevorzugten Behandlung ausländischer Patienten steht jedoch in der Kritik: Während sich wohlsituierte Ausländer die besten Behandlungen indischer Ärzte leisten können, bedient das Gesundheitssystem Indiens nicht einmal die Grundversorgung der Einheimischen. Pro Jahr reisen fast 200.000 ausländische Patienten nach Indien. Die Tendenz ist steigend. Internationale Beobachter rechnen mit einer Verdopplung dieses Aufkommens in den nächsten Jahren.

Der klassische Erholungsurlaub in Ressorts am Strand ist noch nicht sehr stark ausgeprägt, befindet sich aber in einem deutlichen Aufschwung. Dies spiegelt sich in der Wirtschaftsleistung des gesamten Staates wider. Im Jahr 2018 wurden etwa 250 Milliarden US-Dollar im Tourismus erwirtschaftet. Dies entspricht fast 10 Prozent der gesamten indischen Wirtschaftsleistung. Etwa 42 Millionen Menschen sind in der Tourismusbranche angestellt. Das Ministerium für Tourismus forciert seine Bemühungen, um Nischentourismus zu fördern. Dazu gehört besonders der Kreuzfahrttourismus, aber auch der Ökotourismus.

Dank der für viele Besucher interessanten Kultur und Sehenswürdigkeiten wird die Entwicklung des Tourismus in Indien als positiv erachtet. Dennoch hat das Land mit vielen Problemen zu kämpfen, die Touristen abschrecken. Dazu gehören insbesondere die desolaten Straßenverhältnisse, die Ausflüge in das indische Kernland oftmals unmöglich machen. Auch die schlechten hygienischen Verhältnisse sind negative Aspekte. Die Kriminalität im Land ist vergleichsweise gering. Taschendiebstähle kommen vor, ebenfalls Betrugsversuche, vor allem in touristisch erschlossenen Gebieten wie zum Beispiel Goa. Die Einreise ist für deutsche Staatsbürger mit dem Reisepass über die internationalen Flughäfen im Normalfall problemlos möglich. Außerdem muss über die indische Botschaft in Deutschland ein Reisevisum beantragt werden. Staatsbürger von den Malediven, Bhutan und Nepal benötigen zur Einreise kein Visum. Die meisten Touristen stammen aus Bangladesh, den Vereinigten Staaten sowie Großbritannien. Die beliebtesten Bundesstaaten für einen Urlaub ausländischer Touristen sind Maharashtra, Tamil Nadu und Uttar Pradesh. Von Reisen nach Kashmir und in den Nordosten Indiens wird aus Sicherheitsgründen ausdrücklich abgeraten.

TELEKOMMUNIKATION UND INTERNET

Die Telekommunikationsstruktur ist in Indien etwas anders als in westlichen Ländern. Festnetzanschlüsse sind eher selten. So gab es im Februar 2021 1,187 Milliarden Telefonanschlüsse, darunter 1,15 Milliarden Mobilfunkanschlüsse. Statistisch gesehen besitzt ein Inder 0,84 Mobiltelefone. Das macht Indien zum zweitgrößten Telekommunikationsmarkt weltweit hinter China. Diese Tendenz ist steigend. Immer mehr Einwohner besitzen Smartphones, was indirekt auf immer günstigere Preise zurückzuführen ist. Die Abdeckung durch das 3G- und 4G-Netz wächst kontinuierlich. Somit kann der Telekommunikationsmarkt Indiens bis 2025 zur Boombranche werden, vor allem wenn die 5G-Technologie endgültig etabliert wird. Insgesamt gibt es 70 Telekommunikationsfirmen. Somit ist der Markt heiß umkämpft. Allerdings wird schon heute der gesamten Branche ein Gesamtwert von 217 Milliarden US-Dollar attestiert.

Die Internetgeschwindigkeit soll weiterhin ausgebaut werden. Laut der indischen Regierung sollen bis Ende 2022 55 Prozent der Haushalte Breitbandinternet nutzen können. Bis Dezember 2024 soll diese Quote auf bis zu 70 Prozent steigen. Ziel ist es, durchschnittliche Breitbandgeschwindigkeiten von 50 Mbit/s zu etablieren – und das in ganz Indien.

Seit 1995 wurde es für Privatleute erstmalig möglich, das Internet zu nutzen. Vormals war die Benutzung nur Universitäten vorbehalten. 1999 gab es im Land 200.000 Internetanschlüsse. Insbesondere Unternehmen profitierten davon. Dennoch gab es zu diesem Zeitpunkt nur in etwa der Hälfte der Staaten überhaupt Anschlüsse an das Netz. Im Jahr 2007 hatten 70 Millionen Inder einen Anschluss ans Internet. In absoluten Zahlen ist das viel, in Relation zur Gesamteinwohnerzahl jedoch verschwindend gering. Schätzungen zu Folge lag die Gesamtzahl der Internetnutzer im Jahr 2018 bei 411 Millionen, 2019 bei 459 Millionen. Die Zahl der Nutzer wächst stetig.

Wichtige Websites sind Suchmaschinen wie Google, die die meisten Hits verzeichnet. Weitere wichtige Dienste liegen im Social Media-Sektor. Viele Nutzer verwenden Facebook, Instagram, WhatsApp und Twitter. Weiterhin beliebt sind Nachrichtenwebsites, was zumeist an dem umfassenden Angebot liegt. Nirgends auf der Welt gibt es so viele Zeitungen wie in Indien, die allesamt ihre eigenen Onlineauftritte pflegen. Besonders beliebt sind Websites zur Partnervermittlung, Streamingdienste wie Netflix, Websites zum E-Commerce und die Online-Enzyklopädie Wikipedia. Häufig aufgerufen werden ebenfalls Websites mit pornografischen Inhalten. Im Vergleich zum Nutzungsverhalten westlicher User gibt es somit nur wenige Differenzen.

- Kapitel 4 -

INDIENS MILITÄR

Nach den USA, Russland und China gilt das indische Militär als die viertstärkste Streitmacht der Welt und als zweitstärkste Streitmacht in Asien. Die jährlichen Militärausgaben betrugen im Jahr 2019 etwa 71 Milliarden US-Dollar. Eine allgemeine Wehrpflicht besteht nicht, die indische Armee ist eine Berufsarmee. Die einzelnen Teilstreitkräfte sind das Heer, die Marine, die Luftwaffe sowie die Atomstreitkräfte. Gemäß der indischen Verfassung ist die Hauptaufgabe des indischen Militärs, die nationale Sicherheit zu garantieren und das Land vor inneren und äußeren Bedrohungen abzusichern. In Tadschikistan unterhält das indische Militär seine einzige Auslandsbasis und somit in relativer Nähe zur stets umstrittenen Kashmir-Region. Ein militärisches Abkommen besteht des Weiteren mit Mosambik.

DAS HEER INDIENS

Das indische Heer, die Indian Army, ist der landgestützte Teil der Streitkräfte und macht den größten Teil des indischen Militärs aus. Insgesamt verrichten etwa 1.240.000 Soldaten im Heer ihren aktiven Dienst. Weitere 960.000 Soldaten dienen in der Reserve. Das Hauptquartier der Armee befindet sich in Neu-Delhi, daneben existieren sechs Regionalkommandos. Derzeit gibt es 30 Regimente, die nach verschiedenen Gesichtspunkten zusammengestellt werden. Die Zusammenstellung kann nach Spezialisierung (Fallschirmjäger, Grenadiere), nach regionaler Herkunft (Bihar-Regiment) oder Religion (Sikh-Regiment) erfolgen. Diese Form der Zusammenstellung der Regimente und der somit obligatorischen Gemeinsamkeit der Soldaten durch Herkunft oder Glaube sorgt im Allgemeinen für eine hohe Loyalität innerhalb der Regimente. Gerade deshalb gab es in der Vergangenheit seitens der Heeresführung die Befürchtung, dass zwar die Bindung an das eigene Regiment sehr hoch, die Identifikation mit der indischen Armee als solche jedoch ungleich geringer ausfiele. Um diesem Effekt vorzubeugen, wurden „gesamtindische Regimente" geschaffen, die sich aus Soldaten aller Landesteile und

Religionen zusammensetzten. Der Operationsmodus der einzelnen Regimente wurde noch von der britischen Armee übernommen. So ist es nicht korrekt, dass ein Regiment im Gesamten im Feldeinsatz auftritt. Vielmehr entsendet ein Regiment einzelne Bataillone über verschiedene Brigaden, Korps etc. Die einzelnen Verbände sind (absteigend in der Personalstärke): Kommando, Korps, Division, Brigade, Bataillon, Kompanie, Zug und Sektion.

Die Offiziersdienstgrade in der indischen Armee sind (absteigend, auf Deutsch übersetzt, falls möglich): Feldmarschall (repräsentativer Titel ohne Befehlsgewalt, wurde bisher nur zweimal vergeben), General, Generalleutnant, Generalmajor, Brigadegeneral, Oberstleutnant, Major, Hauptmann und Leutnant.

Die Mannschaftsdienstgrade in der indischen Armee sind (absteigend, auf Deutsch übersetzt, falls möglich): Subedar Major, Subedar, Naib Subedar, Havildar (entspricht: Stabsunteroffizier), Naik, Lance Naik und Sepoy (Schütze).

Das indische Heer verfügt über eine große Anzahl Panzer, die nur teilweise den Anforderungen eines modernen Gefechts gerecht werden. Die etwa 248

Panzer des Typs Arjun, die 2007 ausgeliefert wurden, wurden von dem indischen Rüstungskonzern DRDO produziert. Der Arjun-Kampfpanzer macht insbesondere durch technische Mängel Schlagzeilen. Ein wichtiger Part der indischen Panzerarmee ist der T-90-Kampfpanzer russischer Bauart. 1.050 Panzer vom Typ T-90 sind im Dienst, Ende 2019 wurden weitere 464 Stück bestellt. Außerdem befinden sich 2.014 T-72-Kampfpanzer aus den 1980er Jahren im aktiven Dienst. Zusätzlich sind 800 Stück des Typs T-55 als Reserve eingelagert, ein Kampfpanzertyp sowjetischer Bauart aus den 1960er und 1970er Jahren. Des Weiteren sind in der indischen Armee folgende Fahrzeugtypen im Einsatz. Der BMD-Luftlandepanzer (500 Stück), BRDM-2-Spähpanzer (255 Stück), Ferret-Aufklärungsfahrzeuge (100 Stück), BMP-2-Schützenpanzer (1.800 Stück), BTR-80-Transportpanzer (800 Stück) und OT-64 SKOT-Transportpanzer (300 Stück). Außerdem befinden sich 750 veraltete BTR-152 Transportpanzer in Reserve.

Eine große Bedeutung kommt der indischen Artillerie bei, die in den letzten 30 Jahren umfassend erweitert wurde. Ein Konflikt, bei dem die Artillerie einen entscheidenden Vorteil mit sich brachte, war beispielsweise der Kargil-Konflikt. Seitdem werden vermehrt Raketenwerfer, aber auch 130 mm und 150 mm Haubitzen beschafft. Weit verbreitet ist vor allem die 130 mm Kanone M-46 aus sowjetischer Produktion. Das indische Heer unterhält 900 dieser Kanonen, die teilweise auf die Rohrstärke von 155 mm verstärkt wurden. Weitere wichtige Geschütze sind die 122 mm 2S1 (110 Stück), die 180 mm S23 Haubitze (100 Stück), die 155 mm Kanone DRDO (119 Stück), die 105 mm Haubitze M101 und die 122 mm Haubitze D-30 (2A18) (550 Stück). Der größte Teil der verwendeten Kanonen und Haubitzen ist älterer Bauart. Manche der genannten Modelle wurden von den Entwicklerstaaten, in der Regel die Sowjetunion und die USA, kurz nach oder sogar noch während des Zweiten Weltkriegs eingeführt. Zusätzlich verstärken Raketenwerfer die Artillerie wie die Modelle BM-30, (62 Stück), „Pinaka" (80 Stück) und BM-21 (150 Stück), die jedoch Auslaufmodelle sind und derzeit durch weitere Werfer des Typs „Pinaka" ersetzt werden.

Bei den Heeresfliegern wird derzeit aufgerüstet. Ein wichtiger Schritt war der Erwerb des AH-64E Apache, einem bekannten Kampfhubschrauber aus US-amerikanischer Entwicklung. Sechs Stück sind bestellt, über eine Bestellung von sechs weiteren Apaches wird derzeit nachgedacht. Außerdem ist die Anschaffung von 135 Stück des russischen Kampfhubschraubers Kamow Ka-226 geplant. 114 Exemplare des HAL Light Combat Helicopters, eines Kampfhubschraubers aus indischer Produktion, sind ebenfalls bestellt.

Der jetzige Bestand indischer Hubschrauber setzt sich zusammen aus 179 Stück des Modells Dhruv ALH/Rudra (85 weitere sind bestellt), Aérospatiale SA-315 Lama (35 Stück) sowie 4 Stück Aérospatiale SA-316.

EXKURS: FRAUEN IN DER INDISCHEN ARMEE

Die Rolle der Frau im indischen Militärwesen ist lang und begann bereits 1888 mit der Etablierung des „Nursing Services" der britischen Armee. Frauen arbeiteten hier im Rahmen der medizinischen Versorgung mit. So waren 350 Frauen im Zweiten Weltkrieg als Pflegekräfte tätig. Im Verlaufe der Jahrzehnte wurden die Karrieremöglichkeiten der Frau innerhalb der indischen Streitkräfte beständig ausgebaut. Das soll jedoch nicht bedeuten, dass eine faktische Gleichberechtigung herrscht. In manchen Truppengattungen wie den Panzertruppen oder dem Pionierkorps ist eine Aufnahmen von Frauen weiterhin nicht möglich. Für manche Zweige ist nur ein zeitlich begrenzter Dienst möglich. 2020 wurden die Möglichkeiten etwas geöffnet. So können Frauen auch im Ingenieurs- oder im Militärpolizeikorps ihren Dienst verrichten.

INDIENS MARINE

Die indische Marine hat ihre Wurzeln in der Seefahrt der Britischen Ostindien-Kompanie. Die Hauptaufgabe besteht darin, die territorialen Grenzen Indiens zu schützen und – gemeinsam mit Heer und Luftwaffe – Bedrohungen von außen abzuwehren. Insgesamt sind 62.000 Soldaten im aktiven Dienst, 75.000 weitere Soldaten dienen als Reserve. Die Marine wird unterteilt in eine West- und Ostflotte, deren Sitz sich in Mumbai beziehungsweise Visakhapatnam im Bundesstaat Andra Pradesh befindet. Zusätzlich existiert das Südkommando mit Hauptsitz in Kochi. Jede dieser Flotten wird von einem Vizeadmiral kommandiert. Die Flotte umfasst 150 Schiffe. Mit Stand 2018 waren dies ein Flugzeugträger, acht Panzerlandungsschiffe, ein Amphibious Transport Dock, elf Zerstörer, dreizehn Fregatten, 28 Korvetten, zehn Patrouillenschiffe (Offshore), vier Tanker, ein Forschungsschiff, sieben Vermessungsschiffe, drei Schulschiffe und eine Vielzahl von Patrouillenbooten und Landungsschiffen. Indiens Marine besitzt acht U-Boote der Sindhughosh-Klasse, vier U-Boote der Shishumar-Klasse sowie drei der Kalvari-Klasse. Eine besondere Bedeutung hat die INS Arirant der gleichlautenden Arirant-Klasse. Das U-

Boot ist in der Lage, ballistische Raketen abzufeuern, die auch mit nuklearen Gefechtsköpfen bestückt sein können. Eine verbesserte Version dieser Arirant-Klasse soll Ende 2021 in Betrieb genommen werden.

Das Flaggschiff der Flotte ist die INS Vikramadityia, ein Flugzeugträger der Kiew-Flotte sowjetischer Bauart. Nach der Außerdienststellung in der russischen Marine (ehemaliger Name: Admiral Gorshov), kaufte Indien das Schiff und stellte es am 14. Juni 2014 nach umfassenden Umbaumaßnahmen in Dienst. Ein weiterer Flugzeugträger, die INS Vikrant befindet sich derzeit im Bau. Ein dritter Flugzeugträger namens INS Vishal ist in Planung.

Rückgrat der Marineflieger ist vor allem die MIG 23, ein Mehrzweckkampfflugzeug russischer Bauart. 36 Stück sind derzeit im aktiven Dienst (Stand 2020) sowie 32 leichte Abfangjäger namens HAL Tejas, eine indische Entwicklung und Eigenproduktion. Weitere Flugzeuge im Bestand der Marine sind der Seeaufklärer Dornier 228 (24 Stück, 12 bestellt), der Seeaufklärer Boeing P-8I Poseidon (8 Stück, 15 bestellt bzw. Bestellung geplant), der Seefernaufklärer Iljushin Il-28 (5 Stück) sowie das Personenflugzeug Britten-Normen BN-2 Islander (4 Stück). Die Marineflieger unterhalten eine große Anzahl Hubschrauber, darunter der Mehrzweckhubschrauber HAL Dhruv (8 Stück, 17 bestellt), der U-Jagdhubschrauber Kamow-Ka 28 (14 Stück), der Frühwarnhubschrauber Kamow-Ka 31 (14 Stück), der leichte Mehrzweckhubschrauber Aérospatiale SA316/319 (36 Stück, 6 bestellt), der Seezielbekämpfer Westland Seaking, Mk. 42 (25 Stück) sowie den Sikorsky S-61, einen U-Boot-Jäger (6 Stück). In der Zukunft wird die Hubschrauberflotte durch den Mehrzweckhubschrauber Sikorsky UH-60 verstärkt. Von diesem Hubschraubertyp, der besser bekannt unter dem Namen Black Hawk ist, wurden von der indischen Marine insgesamt 24 Stück bestellt. Außerdem besitzt die indische Marine einige Drohnen.

DIE INDISCHE LUFTWAFFE

Die indische Luftwaffe, die Indian Air Force, hat insgesamt etwa 170.000 Angehörige. Ursprünglich geht die Luftwaffe des Landes auf die Organisationsstruktur der British Royal Air Force zurück. Die Luftstreitkräfte werden durch den Marshal of the Indian Air Force befehligt und sind in fünf Kommandos unterteilt: Dem zentralen Luftkommando (Sitz: Prayagraj), dem südlichen Luftkommando in Thiruvananthapuram, dem östlichen Luftkommando in Shillong, dem südwestlichen Luftkommando in Gandhinagar und dem westlichen Luftkommando mit Sitz in Neu-Delhi. Zurzeit wird eine Modernisierung der Indian Air Force angestrebt, die im Jahr 2022 abgeschlossen sein soll. Bis dahin sollen 40 Flugzeugstaffeln zusammengestellt werden, die insgesamt bis zu 800 Mehrzweckkampfflugzeuge umfassen. Ebenfalls sollen Tank- sowie Transportflugzeuge erworben werden. Dies ist insofern für weitere Planungen bedeutend, da die Reichweite indischer Flugzeuge eigentlich für das Staatsgebiet ausreicht. Die Anschaffung von Tankflugzeugen lässt aber darauf schließen, dass die Indian Air Force zukünftig auch außerhalb des indischen Staatsgebietes operieren soll. Technisch wäre die

Luftwaffe dann zumindest dazu in der Lage. Lange Zeit war das wichtigste Kampfflugzeug die MiG-21 sowjetischer Bauart, die mittlerweile hoffnungslos veraltet ist. Diese werden nun Stück für Stück durch die französische Daussalt Mirage ersetzt. Von diesem Typ sind bereits fünf Exemplare im Einsatz. Von der MiG-21 befinden sich zurzeit noch 132 im aktiven Dienst, die nun sukzessive durch das vorher genannte Modell von Dassault ersetzt werden sollen. 29 Flugzeuge sind bereits bestellt. Weitere wichtige Einheiten sind der Jagdbomber SEPECAT Jaguar (130 Stück), die Mehrzweckkampfflugzeuge MiG-29 (65 Stück), Dassault Mirage 2000 (45 Stück), Suchoi Su-30 (242 Stück, 8 bestellt) und HAL Tejas (17 Stück, 98 bestellt). Es wird zurzeit geplant, 144 Einheiten des Mehrzweckkampfflugzeuges Suchoi Su-57 anzuschaffen. Die indische Luftwaffe unterhält verschiedene Aufklärungsflugzeuge, darunter eine Boeing 747, Boeing 737 (2 Stück), IAI 1125 Astra (2 Stück) und Bombardier Global (2 Stück). Die AWACS, fliegende Radarsysteme, Embraer ERJ-145 (2 Stück) und Berijew A-50 Schmel (3 Stück) komplettieren die Aufklärerstaffel. Die indische Luftwaffe besitzt 250 Transportflugzeuge verschiedenster Bauarten, insbesondere jedoch aus sowjetischer (Antonow An-32, 104 Stück), deutscher (Dornier 228,

50 Stück, 4 bestellt) und britischer (Hawker-Siddeley HS 748, 57 Stück) Bauart.

Die Luftwaffe unterhält eine relativ große Anzahl Hubschrauber, darunter die Kampfhubschrauber AH-64 Apache (22 Stück) und den Mil-Mi 24 (Nato-Code „Hind“, 15 Stück). 65 Exemplare des indischen HAL Light Combat Helicopter sind derzeit in Bestellung. Eingesetzte Mehrzweckhubschrauber sind der HAL Dhruv (99 Stück, 12 bestellt), der Mil-Mi 8 (228 Stück, 48 in Planung), SA-315 Lama (17 Stück) und der SA 31 Alouette III (77 Stück). Die Anschaffung von 65 Stück des Mehrzweckhubschraubers Kamow Ka-226 sind angedacht. Ebenfalls nennenswert sind die 15 Exemplare des bekannten US-amerikanischen Transporthubschraubers CH-47 Chinook. Die indische Luftwaffe besitzt zudem eine nicht genau bekannte Anzahl unbemannter Drohnen, jedoch mindestens 220 Stück.

DIE ATOMSTREITKRÄFTE

Die Geschichte der nuklearen Aufrüstung Indiens begann in den 1950er Jahren, eine Atommacht ist das Land „offiziell“ erst seit 1974. In diesem Jahr wurden die ersten beiden Kernwaffentests durchgeführt. Die Abschreckungswirkung, vor allem gegenüber des Erzfeindes Pakistan, war groß. Indien ist einer der wenigen Staaten der Erde, die den Atomwaffensperrvertrag nicht ratifiziert haben. Ungeachtet dessen hat das Land mit der Europäischen Union, Russland und Kanada individuelle Vereinbarungen zur friedlichen Nutzung von Kernenergie getroffen. Die Nichtunterzeichnung des Sperrvertrages sorgte innerhalb der internationalen Staatengemeinschaft jedoch für Skepsis, die eine Zusammenarbeit im Bereich der friedlichen Nutzung der Kernenergie erschwerte.

Am 25. August 2012 wurde eine taktische Rakete getestet. Der Probelauf war erfolgreich und bedeutend. Erstmals wurde die Rakete mit dem Namen Prithvi-II unter voller Nutzlast getestet. Ihr Ziel im Golf von Bengalen traf sie fast punktgenau. (Streuung von unter 10 Meter). Die Prithvi-II-Rakete kann mit einem atomaren Sprengkopf mit einem Gewicht von einer halben Tonne ausgestattet werden. Die Rakete hat eine Reichweite von 350 Kilometern. Mittlerweile verfügen die indischen Atomstreitkräfte über ein vielseitiges Arsenal verschiedener Raketensysteme. Interkontinentalraketen befinden sich noch im Entwicklungsstatus, könnten jedoch nach der Fertigstellung jeden Kontinent außer Südamerika erreichen. Ein erster Testflug fand bereits im April 2012 statt. Die Bezeichnung der Rakete lautet Agni-V.

Das bekannteste Indische Raketensystem trägt den Namen Agni, eine Eigenentwicklung der indischen Defence Research and Development Organisation. Der erste Test einer Agni-I-Rakete fand 1989 statt. Die Rakete hatte eine Reichweite von 700 bis 1.300 Kilometern. Agni-II (Erster Test 1999) erreichte Ziele in einer Entfernung von 2.000 bis 2.500 Kilometern. Der erste Test der Agni-III fand im Juli 2006 statt. Die Reichweite der Mittelstreckenrakete von 3.000 bis 3.500 Kilometern besorgte die Regierungen der Nachbarstaaten und insbesondere China. Aufgrund der hohen Reichweite ist es möglich, chinesische Metropolen wie Shanghai oder Peking zu erreichen. Die Möglichkeit, die Agni-III von U-Booten abzufeuern und nicht nur per landgestützter Startrampe machte den Abschussort variabler und somit gefährlicher. Durch den Test der Agni-IV im November 2015 wurde die Bedrohungslage verschärft. Die hochmoderne Mittelstreckenrakete hat eine Reichweite von bis zu 4.000 Kilometern und eine Masse von 17 Tonnen.

NACHWORT

Bei unserer Reise durch die vielfältige Vergangenheit und Gegenwart Indiens stellten wir uns eingangs die Frage: Indien – was ist das überhaupt? Nun wiegt in der Nachbetrachtung eine Frage viel wichtiger: Ist Indien wirklich eine Supermacht? Die Zeichen stehen zurzeit immerhin ganz gut. Die Wirtschaft befindet sich in einem steten Wachstum. Der Wohlstand innerhalb der Bevölkerung steigt. Vergleichen wir das mit anderen Ländern – so zum Beispiel mit der Volksrepublik China, die getrost als Supermacht bezeichnet werden darf – wissen wir, dass Wirtschaft und Wohlstand eng miteinander verknüpft sind. Ist ein gewisser Aufschwung im Lebensstandard erst einmal erreicht, wird dieser ungern aufgegeben. Rückwärtstrends sorgen im Normalfall für weitreichenden Unmut in der Bevölkerung. Somit gilt die volle Konzentration der Regierung Indiens einer Aufrechterhaltung des wirtschaftlichen Aufschwungs. Dies ist nachvollziehbar. Doch schafft es die Wirtschaft Indiens, alle Menschen „abzuholen“? Ein großes Problem des Staates ist und bleibt das vergleichsweise ungehemmte Bevölkerungswachstum. Die Lehren der Geschichte zeigen, dass sich eine Bevölkerungszahl meist auf einem stabilen (oder gar rückläufigem Niveau) einpendelt, sobald ein gewisser Stand an Wohlstand erreicht ist. Um den zu erreichen, ist aber auch ein gewisses Maß an Bildung, Grundversorgung mit notwendigen Dingen wie sauberem Wasser, Lebensmitteln, medizinischer Versorgung aber auch einer Möglichkeit zur Mobilität und Kommunikation möglich. Nicht alle diese Aspekte sind in Indien umgesetzt, das Land befindet sich in einem Prozess. Denn fast jeder Inder besitzt mittlerweile ein Mobiltelefon, aber bei weitem nicht alle einen Zugang zu sauberem Trinkwasser. Es stellt sich folglich das Gefühl eines zweigeteilten Landes ein. Und das ist es in der Tat: Auch wenn die Bevorteilung einzelner Kasten per Verfassung abgeschafft ist, existiert sie. Auch wenn Hindus und Muslime vor dem Gesetz gleich sind, findet ein Zusammenleben auf Augenhöhe im Alltag nicht unbedingt so statt, wie es die Definition von Gleichberechtigung vermuten lassen würde. Im Gegenteil: Die Geschichte des Landes zeigt, dass die religiösen Unterschiede zum Zerfall des ursprünglichen Landes zu Zeiten der britischen Kolonialherrschaft geführt haben. Im weiteren Verlauf folgten vier große Konflikte zwischen Indien und Pakistan und somit zwischen Hindus und Muslimen.

Ein Konflikt, der erst abgemildert wurde, als das Prinzip der atomaren Abschreckung vollends etabliert wurde. So ruhen die konventionellen Waffen meist, doch die Anspannung zwischen den beiden Erzfeinden Indien und Pakistan existiert weiterhin und dreht sich um den Kashmir, ein Problem, das als nahezu unlösbar erscheint. Der Frieden in der Region ist somit keinesfalls garantiert.

Dass der wirtschaftliche Aufschwung grenzenlos erscheint, macht Indien zu einer weltweiten Supermacht. Doch das Land zahlt dafür einen Preis. Es ist dem Prinzip des Zwangsaufschwungs unterworfen. Eine massiv wachsende Bevölkerung sehnt sich nach Wohlstand. Und dieses Zugeständnis macht die indische Politik gerne. So befindet sich das Land in einer Spirale der Tragfähigkeit. Längst gleicht der wirtschaftliche Aufschwung einem Raubbau am eigenen Land. Die Umwelt leidet immens unter rücksichtslos entsorgtem Müll. Der Klimawandel verschärft die Situation. Denn auch in Indien steigt die Schlagzahl von Naturkatastrophen wie Überschwemmungen und Hitzewellen. Es ist praktisch nur eine Frage der Zeit, bis die Kosten zur Bewältigung dieser Situationen die Wirtschaftsleistung drosseln. Die Regierung jedoch möchte diese Problematik nicht sehen, zu wichtig ist der Aufschwung im globalen Boomtown Indien. Bleibt also die Frage: Ist Indien eine echte Supermacht? Die Zeichen stehen nicht schlecht, aber nur für diesen Bruchteil der Gegenwart. Wie das Land in zehn, zwanzig Jahren aussehen wird, gleicht einem Blick in die Kristallkugel. Sollte Indien diese Supermacht im Aufschwung bleiben, müssen jetzt viele Weichen gestellt werden. Es bleibt nur zu hoffen, dass es nicht zu spät ist. Das Ignorieren internationaler Absprachen zur Senkung der CO^2-Emissionen ist beileibe nicht der richtige Weg, genauso wenig wie massiv gescheiterte Projekte zum Schutz der Umwelt im eigenen Land.

HAT IHNEN MEIN BUCH GEFALLEN?

Sie haben mein Buch gelesen und haben jetzt einen tiefen Einblick in die indische Kultur bekommen. Und genau deshalb bitte ich Sie jetzt um einen kleinen Gefallen. Rezensionen sind bei Amazon ein wichtiger Bestandteil von jedem angebotenen Produkt. Es ist mit das Erste, worauf Kunden schauen und nicht selten geben die Rezensionen später den entscheidenden Ausschlag, ein Produkt zu kaufen oder nicht. Gerade bei der endlos großen Auswahl von Amazon wird dieser Faktor immer wichtiger.

Wenn Ihnen mein Buch gefallen hat, wäre ich Ihnen mehr als dankbar, wenn Sie mir eine Bewertung hinterlassen. Wie Sie das machen? Klicken Sie einfach auf der Amazon Produktseite auf folgenden Button:

Dieses Produkt bewerten

Sagen Sie Ihre Meinung zu diesem Artikel

Kundenrezension verfassen

Schreiben Sie einfach kurz, was Ihnen ganz besonders gut gefallen hat. Es dauert nicht länger als ein paar Minuten, versprochen!

Sie können sich sicher sein, dass ich persönlich jede Rezension lese, denn es hilft mir sehr stark dabei, meine Bücher noch besser zu machen und sie genau an Ihre Wünsche anzupassen.

Daher sage ich Ihnen:

HERZLICHEN DANK!

Ihr Hermann Rupold

BUCHEMPFEHLUNG FÜR SIE

Supermacht China – Die chinesische Weltmacht aus Asien verstehen

Die Entwicklungen in China sind in den letzten Jahren zum allgegenwärtigen Thema in Medien und Gesellschaft geworden.

Doch was ist dran an den vielen Zukunftsszenarien einer im Schatten agierenden Supermacht? Wie tickt das bevölkerungsreichste Land der Erde? Was sind seine Ziele und wie denkt die einheimische Bevölkerung? Was macht die Entwicklung des Landes aus und wo liegen die Stärken und Schwächen?

Machen Sie sich Ihr eigenes Bild dieser aufstrebenden Weltmacht, indem Sie die Zahlen und Fakten hinter der expandierenden Wirtschaftsmacht verstehen. Um sich ein umfassendes Bild über den aktuellen Exportweltmeister machen zu können, ist eine tiefere Betrachtung der Geschichte, der Politik, des Bildungssystems, der Wirtschaft und des Militärs nötig.

In diesem Buch erhalten Sie einen Überblick über all diese Aspekte, die das heutige China ausmachen. Nur durch eine Gesamtbetrachtung all dieser Teilbereiche ist es möglich, das Land China und seine Ziele zu verstehen.

Seien Sie gespannt auf viele Hintergründe und Erkenntnisse, die sich rund um das Land der Mitte drehen und Ihnen eine neue Sicht auf die Supermacht im Osten ermöglichen.

GESCHICHTE, POLITIK, WIRTSCHAFT UND MILITÄR DER EHEMALIGEN SOWJETUNION
MIT 100% PRAXISWISSEN
SUPERMACHT RUSSLAND
DIE RUSSISCHE WELTMACHT VERSTEHEN
HERMANN RUPOLD

Supermacht Russland –Die russische Weltmacht verstehen

Die Entwicklungen in Putins Russland sind in den letzten Jahren zum allgegenwärtigen Thema in Medien und Gesellschaft geworden.

Doch was ist dran an den vielen Berichten über die ehemalige Sowjetunion, die sich danach sehnt, wieder als Supermacht wahrgenommen zu werden? Wie tickt das flächenmäßig größte Land der Erde? Was sind seine Ziele und wie denkt die einheimische Bevölkerung? Was macht die historische Entwicklung des Landes aus und wo liegen die Stärken und Schwächen?

Machen Sie sich Ihr eigenes Bild dieser ehemaligen Weltmacht, indem Sie die Zahlen und Fakten hinter der geschichtsträchtigen Regionalmacht verstehen. Um sich ein umfassendes Bild über dieses Vielfältige Land machen zu können, ist eine tiefere Betrachtung der Geschichte, der Politik, des Bildungssystems, der Wirtschaft und des Militärs nötig.

In diesem Buch erhalten Sie einen Überblick über all diese Aspekte, die das heutige Russland ausmachen. Nur durch eine Gesamtbetrachtung all dieser Teilbereiche ist es möglich, das Land Russland und seine Ziele zu verstehen.

GESCHICHTE, POLITIK, WIRTSCHAFT UND
MILITÄR DES SÜDAMERIKANISCHEN LANDES
ORDEM E PROGRESSO
MIT 100%
PRAXISWISSEN
SUPERMACHT
BRASILIEN
DIE BRASILIANISCHE WELTMACHT
VERSTEHEN
HERMANN RUPOLD

SUPERMACHT BRASILIEN – Die brasilianische Weltmacht verstehen

Die Entwicklungen des südamerikanischen Landes sind in den letzten Jahren nicht nur dank seines Ex-Präsidenten Bolsonaro zum allgegenwärtigen Thema in den Medien und der Gesellschaft geworden.

Doch was ist dran an den vielen Berichten über das größte Land Südamerikas, das auf dem Weg ist, zur Supermacht aufzusteigen? Wie tickt das Land, das einer der wichtigsten Lebensmittelproduzenten der Erde ist? Was sind seine Ziele und wie denkt die einheimische Bevölkerung? Was macht die historische Entwicklung des Landes aus und wo liegen die Stärken und Schwächen?

Machen Sie sich Ihr eigenes Bild dieser aufstrebenden Regionalmacht, indem Sie die Zahlen und Fakten hinter der Republik Brasilien verstehen. Um sich ein umfassendes Bild über dieses vielfältige Land machen zu können, ist eine tiefere Betrachtung der Geschichte, der Politik, der Wirtschaft und des Militärs nötig.

In diesem Buch erhalten Sie einen Überblick über all diese Aspekte, die das moderne Brasilien ausmachen. Nur durch eine Gesamtbetrachtung all dieser Teilbereiche ist es möglich, das Land und seine Ziele zu verstehen.

QUELLENANGABEN

Sailendra Nath Sen: Ancient Indian History and Civilization. South Asia Books, 1988, S. 164–267

Michael Alram: Die Geschichte Ostirans von den Griechenkönigen in Baktrien und Indien bis zu den iranischen Hunnen (250 v. Chr.–700 n. Chr.). In: Wilfried Seipel (Hrsg.): Weihrauch und Seide. Alte Kulturen an der Seidenstraße. Wien 1996, S. 119–140, hier S. 138.

Hermann Kulke: Indische Geschichte bis 1750, Oldenbourg Wissenschaftsverlag GmbH, München 2005, S. 43.

Johannes H. Voigt: Indien im Zweiten Weltkrieg (= Studien zur Zeitgeschichte. Band 11. Hrsg. v. Institut für Zeitgeschichte). Deutsche Verlagsanstalt, Stuttgart 1978, S. 304.

Axel Michaels: Der Hinduismus: Geschichte und Gegenwart. C. H. Beck, München 2006, ISBN 3-406-54974-8, S. 48.

Braj B. Lal:The Earliest Civilization of South Asia. (Rise, Maturity and Decline). Aryan Books International, New Delhi 1997

Swarajya P. Gupta: The Indus-Saraswati Civilization. Origins, Problems and Issues. Pratibha Prakashan, Delhi 1996,

Michael Jansen: Die Indus-Zivilisation. Wiederentdeckung einer frühen Hochkultur. DuMont, Köln 1986,

Hermann Kulke, Dietmar Rothermund: Geschichte Indiens. Von der Induskultur bis heute. Broschierte Sonderausgabe, durchgesehen und aktualisiert. Beck, München 2006.

Pengling Wang, "Indo-European Loanwords in Altaic", Sino-Platonic Papers, Hrsg. Victor H. Mair. Department of East Asian Languages and Civilizations University of Pennsylvania 1995.

Luciano Petech: Indien bis zur Mitte des 6. Jahrhunderts; in Propyläen Weltgeschichte, Band II - Hochkulturen des mittleren und östlichen Asiens, Verlag Ullstein, Frankfurt a. M., 1964, S. 460 und 461

Hermann Goetz: Geschichte Indiens (= Kohlhammer-Urban-Taschenbücher. 59, . Kohlhammer, Stuttgart 1962

Martin Hürlimann: Das vergessene Reich von Vijayanagar. In: Atlantis. Nr. 2, 1962, S. 25–69

Hans-Georg Behr: Die Moguln. Macht und Pracht der indischen Kaiser von 1369–1857. Econ Verlag, Wien/Düsseldorf 1979, S. 73ff

Bamber Gascoigne: Die Großmoguln. Glanz und Größe mohammedanischer Fürsten in Indien. Prisma Verlag, Gütersloh 1987, S. 99Ff

Prof. Annemarie Schimmel: Im Reich der Großmoguln. Geschichte, Kunst, Kultur. München 2000, S. 9.

Stewart Gordon: The Marathas. 1600–1818 (= The New Cambridge History of India. 2, 4). Cambridge University Press, Cambridge u. a. 1993,

Denis Judd: The Lion and the Tiger. The Rise and Fall of the British Raj, 1600–1947. Oxford University Press, Oxford u. a. 2004

Bernd Lemke, Martin Rink: Britisch-Indien. Vom Beginn der europäischen Expansion bis zur Entstehung Pakistans. In: Bernhard Chiari, Conrad Schetter (Hrsg.): Pakistan; Wegweiser zur Geschichte.). Im Auftrag des Militärgeschichtlichen Forschungsamtes herausgegeben. Schöningh, Paderborn u.a. 2010, S. 2–15.

Lawrence James: Raj. The Making and Unmaking of British India. Little, Brown and Co, London 19Sabyasachi Bhattacharyya: Financial Foundations of the British Raj. Menand Ideas in the post-mutiny Period of Reconstruction of Indian Public Finance, 1858–1872. Indian Institute of Advanced Study, Simla 1971.

The World Fact Book – India, Central Intelligence Agency (CIA)

Christian Wagner: Das politische System Indiens. Eine Einführung. VS Verlag für Sozialwissenschaften, Wiesbaden 2006

Five Year Plans. Planungskommission der indischen Regierung, abgerufen am 21.April 2016 (englisch).

Human Development Report 2019

Kamlesh Kapur: Portraits of a Nation: History of Ancient India. Sterling Publishers, 2010

Heinz Bechert, Richard Gombrich: Der Buddhismus: Geschichte und Gegenwart. 3. Auflage. Beck, München 2008, S. 233–347.

MRUC, RSCI, Nielsen: Indian Readership Survey. 2013, S. 8–16

Colin Clark: Population Growth and Land Use. Springer Science+Business Media, 1977, S. 44Ff

Colin McEvedy, Richard Jones: Atlas of World Population History. Facts on File, New York 1978, S. 182–185

Perry Anderson: The Indian Ideology. Verso, London 2013

Sector-wise contribution of GDP of India. Statisticstimes.com (Datenquelle: Ministry for Statistics and Programme Implementation)

Michael Kremer, Nazmul Chaudhury, F. Halsey Rogers, Karthik Muralidharan, Jeffrey Hammer: Teacher Absence in India: A Snapshot. In: Journal of the

European Economic Association. Band 3, Nr. 2/3, 2005,S.658–667

Ranking der 15 Länder mit den weltweit höchsten Militärausgaben im Jahr 2019. In: Verwaltung & Verteidigung, 27. April 2020. Auf de.Statista.com,

India, Europe Strategic Relations“, Europa: Summaries of EU Legislation (European Union), 8. April 2008

Indien. 2. Auflage. Dorling Kindersley, München 2007, 34–37

Ejaz Ghani, Arti Grover Goswami, William R. Kerr Author: Highway to Success: The Impact of the Golden Quadrilateral Project for the Location and Performance of Indian Manufacturing. In: The Economic Journal. Band 126, Nr 591, 2016, S. 317–357

G. P. Singh: Researches Into the History and Civilization of the Kirātas. S. 33.

Ministry of Tribal Affairs: Report of the High Level Committee on Socio-Economic, Health and Educational Status of Tribal Communities Of

India.Government of India, Neu-Delhi Mai 2014, S. 320–331

David Arnold: Südasien (= Neue Fischer Weltgeschichte. Band 11). S. Fischer Verlag, Frankfurt am Main 2012,

https://www.bpb.de/internationales/asien/indien/189166/indiens-umweltpolitische-herausforderungen

https://www.globalfirepower.com/countries-listing.php

Fred Virkus: Politische Strukturen im Guptareich (300–550 n. Chr.). (= Band 18 der Asien- und Afrika-Studien der Humboldt-Universität, Berlin). Harrassowitz-Verlag, Wiesbaden 2004,

https://www.bpb.de/9311/aussenpolitik?p=0

Wie die Ostindien-Kompanie England eroberte | Déjà-vu Geschichte (ralfgrabuschnig.com)

IMPRESSUM

1. Auflage

 Herausgeber: GbR, Martin Seidel und Corinna Krupp, Bachstraße 37, 53498 Bad Breisig, email: info@expertengruppeverlag.de, Coverfoto: www.depositphoto.com. Sämtliche hier dargestellten Inhalte dienen ausschließlich der neutralen Information. Sie stellen keinerlei Empfehlung oder Bewerbung der beschriebenen oder erwähnten Methoden dar. Dieses Buch erhebt weder einen Anspruch auf Vollständigkeit, noch kann die Aktualität und Richtigkeit der hier dargebotenen Informationen garantiert werden. Der Autor und die Herausgeber übernehmen keine Haftung für Unannehmlichkeiten oder Schäden, die sich aus der Anwendung der hier dargestellten Information ergeben.

Made in United States
Troutdale, OR
11/03/2026

56844872R00139